基础会计模拟实训

主　编　孙金花　王静静
参　编　姚华云　王新秀
　　　　崔玉卫

东南大学出版社
·南京·

内容提要

本书以训练学生的会计业务处理能力为核心,从会计学的基础知识出发,结合最新的会计法律法规,以工作项目为导向,专项实训与综合实训相结合,由浅入深,让学生在训练中掌握会计知识。

全书分为四个项目。项目一为实训的目的和内容。项目二为会计工作基本规范,介绍了建账、原始凭证的填制与审核、记账凭证的填制与审核、会计账簿的登记、会计制表的编制等会计工作的基本内容。项目三为会计业务专项实训,分任务训练会计书写规范、填制原始凭证、填制记账凭证、登记会计账簿、编制银行存款余额调节表、编制会计报表等。项目四为会计综合实训,选取工业企业一个月的主要经济业务,对企业的主要生产经营过程的经济业务进行会计账务处理。通过本书的实训,使学生从感性出发,对会计学的基础理论、会计业务处理方法、账务处理程序有较深刻的体会,从而激发对会计学知识的学习兴趣。

本书作为基础会计的实训教材,既可以作为各类院校会计类专业的实训操作教材,也可以作为从事会计工作或想了解会计业务处理的各类人员的培训用书。

图书在版编目(CIP)数据

基础会计模拟实训 / 孙金花,王静静主编. — 南京:东南大学出版社,2020.10
 ISBN 978-7-5641-8948-8

Ⅰ.①基… Ⅱ.①孙… ②王… Ⅲ.①会计学 Ⅳ.①F230

中国版本图书馆 CIP 数据核字(2020)第 104947 号

基础会计模拟实训
Jichu Kuaiji Moni Shixun

主　　编	孙金花　王静静
出版发行	东南大学出版社
社　　址	南京市四牌楼 2 号　邮编:210096
出 版 人	江建中
责任编辑	戴坚敏
网　　址	http://www.seupress.com
电子邮箱	press@seupress.com
经　　销	全国各地新华书店
印　　刷	常州市武进第三印刷有限公司
开　　本	787mm×1092mm　1/16
印　　张	9.25
字　　数	237 千字
版　　次	2020 年 10 月第 1 版
印　　次	2020 年 10 月第 1 次印刷
书　　号	ISBN 978-7-5641-8948-8
印　　数	1~3 000 册
定　　价	39.00 元

本社图书若有印装质量问题,请直接与营销部联系。电话:025 - 83791830

前　言

本书是《基础会计》的配套实训教材。本书以培养应用型人才为目标,以训练学生的会计业务处理能力为核心,从会计学的基础知识出发,紧扣《中华人民共和国会计法》《企业会计准则》《企业会计准则——应用指南》及其他会计相关法律法规,以工作项目为导向,专项实训与综合实训相结合,由浅入深,让学生在实训中掌握会计账务处理的过程。

全书分为四个部分。项目一为实训的目的和内容;项目二为会计工作基本规范,介绍了建账、原始凭证的填制与审核、记账凭证的填制与审核、会计账簿的登记、会计制表的编制等会计工作的基本内容;项目三为会计业务专项实训,分任务训练会计书写规范、填制与审核原始凭证、填制与审核记账凭证、登记会计账簿、编制会计报表等;项目四为会计综合实训,选取了工业企业一个月的主要经济业务,对企业主要生产经营过程的经济业务进行会计账务处理。通过本书的实训,使学生从感性出发,对工业企业的业务循环和会计工作过程有充分的了解,从而对会计学的基础理论、会计业务处理方法、账务处理程序有较深刻的体会,激发对会计学知识的学习兴趣,为今后从事会计工作打下坚实的基础。

本书在编写过程中参阅了大量同类教材,突出了实践性、系统性,通俗易懂,作为基础会计的实训教材,既可以用作各类院校会计类专业的实训操作教材,也可供从事会计工作或想了解会计业务处理的各类人员参考使用。

本书由孙金花、姚华云、王新秀、崔玉卫、王静静编写,由于作者水平有限,如有不当之处敬请批评指正。

作者
2020 年 8 月

目　录

项目一　实训的目的和内容 ··· 1
　一、实训的目的和任务 ·· 1
　二、实训的内容 ·· 1
　三、基础会计实训的一般要求 ·· 2
　四、实训的考核 ·· 2

项目二　会计工作基本规范 ··· 4
　一、建账 ·· 4
　二、填制与审核原始凭证 ··· 12
　三、填制与审核记账凭证 ··· 14
　四、登记会计账簿 ··· 17
　五、编制会计报表 ··· 20

项目三　会计业务专项实训 ·· 21
　任务一　会计书写规范实训 ·· 21
　　一、实训目的 ·· 21
　　二、实训主要知识点 ··· 21
　　三、实训内容 ·· 24
　　四、强化训练 ·· 25
　任务二　原始凭证的填制与审核实训 ·· 27
　　一、实训目的 ·· 27
　　二、实训主要知识点 ··· 27
　　三、实训内容 ·· 28
　　四、强化训练 ·· 33
　任务三　记账凭证的填制与审核实训 ·· 34
　　一、实训目的 ·· 34
　　二、实训主要知识点 ··· 34
　　三、实训内容 ·· 36
　　四、强化训练 ·· 38
　任务四　会计账簿登记实训 ·· 39
　　一、实训目的 ·· 39

二、实训主要知识点 ……………………………………………………… 39
　　三、实训内容 ……………………………………………………………… 43
　　四、强化训练 ……………………………………………………………… 48
任务五　银行存款余额调节表编制实训 …………………………………… 48
　　一、实训目的 ……………………………………………………………… 48
　　二、实训主要知识点 ……………………………………………………… 48
　　三、实训内容 ……………………………………………………………… 50
　　四、强化训练 ……………………………………………………………… 51
任务六　会计报表编制实训 ………………………………………………… 52
　　一、实训目的 ……………………………………………………………… 52
　　二、实训主要知识点 ……………………………………………………… 52
　　三、实训内容 ……………………………………………………………… 54
　　四、强化训练 ……………………………………………………………… 58

项目四　会计综合实训 ……………………………………………………… 63
　　一、实习企业概况 ………………………………………………………… 63
　　二、会计核算要求 ………………………………………………………… 63
　　三、建账资料 ……………………………………………………………… 64

附录 …………………………………………………………………………… 115

参考文献 ……………………………………………………………………… 142

项目一 实训的目的和内容

一、实训的目的和任务

《基础会计模拟实训》是在完成《基础会计》课程后,让学生对某一会计主体在某一会计期间内发生的实际经济业务,按照企业会计准则的核算要求,完成从填制和审核原始凭证、填制记账凭证、登记账簿到编制会计报表等会计核算工作,使学生全面巩固《基础会计》中的基本原理和基本理论知识,学会基本的操作技能,为后续专业课程的学习和岗位工作实践打下基础,具体包括:

(1) 加强对复式记账法的理解和认识,理解企业的账务处理程序;

(2) 提高学生动手能力,包括填制和审核原始凭证的能力,编制记账凭证的能力,登记各类账簿的能力,查账、对账的能力,编制会计报表的能力等;

(3) 培养学生的会计人员职业道德,使学生养成实事求是的科学态度和一丝不苟的工作作风,加快知识向能力的转化,为学生学习《财务会计》《成本会计》《审计》等课程奠定扎实的基础。

二、实训的内容

序号	实训项目	主要内容	要 求
1	期初建账	1. 建立总分类账 2. 建立明细账 3. 建立日记账	能正确地开设总分类账、各类明细分类账、现金日记账和银行存款日记账
2	填制和审核原始凭证	1. 根据经济业务填制原始凭证 2. 审核原始凭证	能正确地填制和审核原始凭证,书写规范
3	填制和审核记账凭证	1. 根据经济业务填制记账凭证 2. 审核记账凭证	能正确地填制和审核记账凭证
4	登记明细分类账	根据经济业务登记明细分类账	能准确、无误地登记明细分类账
5	登记总分类账	根据科目汇总表登记总分类账	能准确、无误地登记总分类账

续表

序号	实训项目	主要内容	要求
6	对账、结账	1. 在各种账簿中进行对账 2. 对各种账簿进行结账	能对各种账簿进行对账和结账
7	编制会计报表	1. 编制资产负债表 2. 编制利润表	能正确地编制资产负债表和利润表
8	归档	1. 整理凭证、账本、报表 2. 装订凭证、账本、报表 3. 将会计资料归档管理	能准确整理和装订凭证、账本、报表,并归档管理
9	实训报告	撰写实训总结	能根据实训情况撰写实训总结

三、基础会计实训的一般要求

要求每个学生必须把经济业务按实际会计工作的要求独立地操作一遍,最终把证、账、表等资料装订成册,形成实训成果。具体要求如下:

(1) 进行实训时,必须正确理解原始凭证所反映的经济业务的具体内容,在进行认真思考、确认无误后方可进行具体处理。为了防止出现错误和遗漏,做完后应认真加以检查和复审。

(2) 会计实训相当于实际工作过程,因此,应按照会计核算的具体要求,依次做好会计凭证的填制、账簿的登记和会计报表的编制工作。

(3) 实训所用的各种凭证、账簿和报表一律使用国家统一的会计制度要求使用的格式。凭证、账簿、报表上所列的项目要按规定填写清楚、完整。

(4) 在填制会计凭证、登记账簿和编制会计报表时,除按规定必须使用红墨水书写外,所有文字、数字都应使用蓝(黑)墨水书写,不准使用铅笔或圆珠笔(复写凭证除外)。

(5) 在实训过程中,对于出现的账务处理错误应按规定的方法更正,不得任意涂改、刮擦挖补。

(6) 文字和数字书写要正确、规范、整洁、清楚。

四、实训的考核

(一) 考核内容与方式

用以下几项相结合的方式进行考核:

(1) 学生实训的日常情况;

(2) 学生实训的账务处理情况;

(3) 学生实训的总结情况。

(二) 考核标准

(1) 日常出勤及课堂表现10分。

(2) 日常会计核算 65 分。包括：

① 填制原始凭证 5 分；

② 审核原始凭证 2 分；

③ 编制记账凭证 22 分；

④ 审核记账凭证 2 分；

⑤ 登记日记账、明细账 15 分；

⑥ 编制科目汇总表 10 分；

⑦ 登记总账 4 分；

⑧ 对账 1 分；

⑨ 结账 4 分。

(3) 编制会计报表 10 分。

(4) 整理会计档案 5 分。

(5) 实训总结报告 10 分。

项目二 会计工作基本规范

一、建账

建账是会计核算的起点。新建单位和原有单位在年度开始时,会计人员均应根据核算工作的需要设置应用账簿,即平常所说的"建账"。根据企业的规模和核算要求,选择适用的《企业会计准则》《企业会计制度》或《小企业会计准则》来建立账簿。

工业企业应设置的账簿有:现金日记账、银行存款日记账、总分类账、明细分类账。一般情况下,总账、日记账和多数明细账应每年更换一次,即新的年度开始时都需要重新建账。有些明细账也可以继续使用,如财产物资明细账和债权、债务明细账等,由于材料等财产物资的品种、规格繁多,债权、债务单位也较多,如果更换新账,重抄一遍的工作量相当大,因此,可以跨年度使用,不必每年更换一次;固定资产卡片等卡片式账簿及各种备查账簿,也都可以跨年度连续使用。

(一)账簿的启用

虽然各种账簿记录的内容不同,账簿的格式又多种多样,但账簿的基本内容一般包括:
(1)封面。主要标明账簿名称,如总分类账、银行存款日记账、材料物资明细账等。
(2)扉页。主要是账簿启用及接交表(如表2-1)和账户目录(如表2-2)。

表2-1 账簿启用及接交表

单位名称							印 鉴	
账簿名称								
账簿编号	共计 册,第 册,本账簿共计 页							
启用日期	年 月 日至 年 月 日							
经管人员	负责人		主办会计		复核		记账	
	姓名	盖章	姓名	盖章	姓名	盖章	姓名	盖章

续表 2-1

	经管人员		接 管				交 出			
	职 别	姓 名	年	月	日	盖章	年	月	日	盖章
接交记录										
备注										

"单位名称"即会计主体名称,与公章内容一致。

"印鉴",即单位公章。

"账簿名称",即账簿记录的内容,与封面一致。

"账簿编号",在本年度结束时(12月31日)据实填写。

"经管人员",盖相关人员个人名章。另外,记账人员更换时,应在接交记录中填写交接人员的姓名、经管及交出时间和监交人员的职务、姓名。

表 2-2 账户目录

编号	科 目 名 称	起讫页码	编号	科 目 名 称	起讫页码

总分类账外形上采用订本式,印刷时已事先在每页的左上角或右上角印好页码。但由于所有账户均须在一本总账上体现,故应给每个账户预先留好页码。

(3) 账页。账页是账簿的主要内容,不同账簿格式不同,但一般账页内容包括以下方面:

① 账户名称。
② 登账日期栏。
③ 凭证号数。
④ 摘要栏。
⑤ 借、贷方金额及余额方向,金额栏。
⑥ 总页次和分户页次。

(二)建立总账

总账是根据一级会计科目(亦称总账科目)开设的账簿,用来分类登记企业的全部经济业务,提供资产、负债、所有者权益、费用、收入和利润等总括的核算资料。总账的建账原则主要有以下几项:

(1) 总账科目名称应与国家统一的会计制度规定的会计科目名称一致。总账具有分类汇总记录的特点,为确保账簿记录的正确性、完整性,提供会计要素的完整指标,企业应根据自身行业特点和经济业务的内容建立总账,其总账科目名称应与国家统一的会计制度规定的会计科目名称一致。

(2) 依据企业账务处理程序的需要选择总账格式。根据财政部《会计基础工作规范》的规定,总账的格式主要有三栏式、多栏式(日记总账)、棋盘式和科目汇总表总账等。企业可依据本企业会计账务处理程序的需要自行选择总账的格式。

(3) 总账的外表形式一般应采用订本式账簿。为保护总账记录的安全、完整,总账一般应采用订本式。实行会计电算化的单位,用计算机打印的总账必须连续编号,经审核无误后装订成册,并由记账人、会计机构负责人、会计主管人员签字或盖章,以防失散。

银行存款总分类账的样式见表2-3。

表2-3 总 分 类 账

会计科目:_____
科目名称:__银行存款__

2020年		凭证号数	摘要	√	借方金额	贷方金额	借或贷	结余金额
月	日				千百十万千百十元角分	千百十万千百十元角分		千百十万千百十元角分
1	1		期初余额				借	1 3 6 0 0 0 0 0 0

如企业 2019 年末的银行存款余额为 1 360 000.00 元,则 2020 年 1 月 1 日建账时,"年"处填 2020,"月"处填 1,"日"处填 1,"凭证号数"不需要填列,"摘要"处填列"上年结转"或"期初余额"或"年初余额","借或贷"处填列"借",将上年末银行存款账面数 1 360 000.00 填在"结余金额"栏内。

(三)建立日记账

日记账用来连续记录经济业务的完成情况,为了逐日反映现金和银行存款的收付情况,所有单位都应设置库存现金日记账和银行存款日记账,用以序时核算库存现金和银行存款的收入、支出和结存情况。现金日记账和银行存款日记账必须采用订本式账簿。不得用银行对账单或者其他方法代替日记账。

库存现金日记账是出纳员根据审核无误的现金收款、付款凭证和银行存款付款凭证(记录从银行提取现金的业务),逐日逐笔顺序登记的,每日终了,应结出现金日记账的账面余额,并将其与库存现金实存数额核对,做到账实相符。库存现金日记账采用三栏式的订本账,见表 2-4,填列方法与总账一致,库存现金的余额只能在借方,所以没有余额方向,"对方科目"填列记账凭证上的对应科目。

表 2-4 库存现金日记账

年		凭证号数	对方科目	摘要	√	借方金额	贷方金额	结余金额
月	日					千百十万千百十元角分	千百十万千百十元角分	千百十万千百十元角分

续表 2-4

年		凭证号数	对方科目	摘要	√	借方金额 千百十万千百十元角分	贷方金额 千百十万千百十元角分	结余金额 千百十万千百十元角分
月	日							

银行存款日记账是由出纳员根据审核无误的银行存款收款、付款凭证和现金付款凭证（记录库存现金送存银行的业务），按经济业务的发生顺序，逐日逐笔地记录，以反映银行存款的增减变化及其结果。银行存款日记账也是采用三栏式的订本账，见表2-5，填列方法与库存现金日记账一致，多一栏"结算凭证"，填列结算银行存款时的凭证，如支票、进账单等。

表 2-5　银行存款日记账

年		凭证号数	结算凭证		摘要	√	借方金额 千百十万千百十元角分	贷方金额 千百十万千百十元角分	结余金额 千百十万千百十元角分
月	日		类	号码					

(四)建立明细分类账

明细分类账是按照明细科目开设的用来分类登记某一类经济业务,提供明细核算资料的分类账户。它所提供的相关经济活动的详细资料,是对总分类账所提总括核算资料的必要补充,同时也是编制会计报表的依据。明细账的格式应根据各单位经营业务的特点和管理需要来确定,常用的格式主要有:

1. 三栏式明细分类账

三栏式明细分类账的账页格式与总分类账的账页格式基本相同,见表2-6,它只设"借方""贷方"和"余额"三个金额栏。三栏式明细分类账只进行金额的明细核算,适用于"应收账款""应付账款"等只需进行金额核算的账户。

表2-6 　　　明细账

　　　级科目编号及名称：

　　　级科目编号及名称：

年		凭证号数	摘要	对方科目	借方金额	贷方金额	借或贷	结余金额
月	日				千百十万千百十元角分√	千百十万千百十元角分√		千百十万千百十元角分√

2. 数量金额式明细分类账

数量金额式明细分类账的账页,其基本结构为"收入""发出"和"结存"三栏,在这些栏内再分别设有"数量""单价""金额"等项目,以分别登记实物的数量和金额,见表2-7。数量金额式明细分类账适用于既要进行金额明细核算,又要进行数量明细核算的财产物资项目,如"原材料""产成品"等账户的明细核算。它能提供各种财产物资收入、发出、结存等的数量和金额资料,以满足开展业务和加强管理的需要。

表 2-7　　　　明细账

明细科目：..................

类　　别：..................　　　　　品名：..................　　　　　计量单位：..................

年		凭证号数	摘要	收入			发出			结存		
月	日			数量	单价	千百十万千百十元角分√	数量	单价	千百十万千百十元角分√	数量	单价	千百十万千百十元角分√

3. 多栏式明细账

多栏式明细账的格式视管理需要而呈多种多样,它在一张账页上,按照明细科目分设若干专栏,集中反映有关明细项目的核算资料,见表2-8。这种格式的明细账适用于费用成本、收入成果类的明细核算。如"生产成本明细账",它只设一栏借方,下按成本设置专栏,贷方发生额用红字在有关专栏内登记。

表 2-8　　　　　明细账

…级科目编号及名称：
…级科目编号及名称：

二、填制与审核原始凭证

原始凭证又称单据,是在经济业务发生或完成时取得或填制的用以记录或证明经济业务的发生或完成情况的文字凭据。它不仅能用来记录经济业务发生或完成的情况,还可以明确经济责任,是进行会计核算工作的原始资料和重要依据,是会计资料中最具有法律效力的一种文件。表2-9是一张江苏增值税专用发票。

表2-9 江苏增值税专用发票示例

江苏增值税专用发票 No. 00002123

发票联　　　　　　　　　开票日期:2019年5月5日

购货单位	名　　称:	华通纺织有限公司	密码区	(略)		第二联:发票联 购货方记账凭证
	纳税人识别号:	330102100123655				
	地　址、电　话:	杭州市文一路68号 88497056				
	开户行及账号:	工商银行杭州高新支行 53178321				

货物或应税劳务名称	规格型号	单位	数量	单价	金额	税率	税额
羊绒毛线		千克	3 000	209.90	629 700.00	13%	81 861.00
合　计					¥629 700.00		¥81 861.00

价税合计(大写)	⊗柒拾壹万壹仟伍佰陆拾壹元整		(小写)¥711 561.00

销货单位	名　　称:	江苏飞扬纺织有限公司	备注	(销货单位:章)
	纳税人识别号:	320106526050646		
	地　址、电　话:	南京市中山南路68号 87654321		
	开户行及账号:	工商银行南京城南支行 66012233		

收款人:孙盈　　　复核:刘晓静　　　开票人:王辉　　　销货单位:(章)

(一)原始凭证的基本要求

(1)原始凭证的内容必须具备:凭证的名称,填制凭证的日期,填制凭证单位名称或者填制人姓名,经办人员的签名或者盖章,接受凭证单位名称,经济业务内容,数量、单价和金额。

(2)从外单位取得的原始凭证,必须盖有填制单位的公章;从个人取得的原始凭证,必须有填制人员的签名或者盖章。自制原始凭证必须有经办单位领导人或者其指定的人员签名或者盖章。对外开出的原始凭证,必须加盖本单位公章。

(3)凡填有大写和小写金额的原始凭证,大写与小写金额必须相符。购买实物的原始凭证,必须有验收证明。支付款项的原始凭证,必须有收款单位和收款人的收款证明。

(4) 一式几联的原始凭证,应当注明各联的用途,只能以一联作为报销凭证。一式几联的发票和收据,必须用双面复写纸(发票和收据本身具备复写纸功能的除外)套写,并连续编号。作废时应当加盖"作废"戳记,连同存根一起保存,不得撕毁。

(5) 发生销货退回的,除填制退货发票外,还必须有退货验收证明;退款时,必须取得对方的收款收据或者汇款银行的凭证,不得以退货发票代替收据。

(6) 职工公出借款凭据,必须附在记账凭证之后。收回借款时,应当另开收据或者退还借据副本,不得退还原借款收据。

(7) 经上级有关部门批准的经济业务,应将批准文件作为原始凭证附件;如果批准文件需要单独归档,应在凭证上注明批准机关名称、日期和文件字号。

(二)原始凭证的书写要求

填写凭证时,必须做到标准化、规范化,应做到要素齐全、数字正确、字迹清晰、不错漏、不潦草,防止涂改。

(1) 中文大写金额数字应用正楷或行书填写,如壹、贰、叁、肆、伍、陆、柒、捌、玖、拾、佰、仟、万、亿、元、角、分、零、整(正)等字样。不得用一、二(两)、三、四、五、六、七、八、九、十、毛、另(0)填写,不得自造简化字。如果在金额数字书写中使用繁体字,如貳、陸、億、萬、圓的,也应受理。

(2) 中文大写金额数字到元为止的,在元之后,应写整或正字,在角之后可以不写整或正字。大写金额数字有分的,分后面不写整或正字。

(3) 中文大写金额数字前应标明人民币字样,大写金额数字应紧接人民币字样填写,不得留有空白。大写金额数字前未印人民币字样的,应加填人民币三字。在票据和结算凭证大写金额栏内不得预印固定的仟、佰、拾、万、仟、佰、拾、元、角、分字样。

(4) 阿拉伯小写金额数字中有0时,中文大写应按照汉语语言规律、金额数字构成和防止涂改的要求进行书写。

(5) 阿拉伯小写金额数字前面,均应填写人民币符号¥。阿拉伯小写金额数字要认真填写,不得连写,防止分辨不清。

(6) 票据的出票日期必须使用中文大写。为防止变造票据的出票日期,在填写月、日时,月为壹、贰和壹拾的,日为壹至玖和壹拾、贰拾和叁拾的,应在其前加零;日为拾壹至拾玖的,应在其前加壹。如1月15日,应写成零壹月壹拾伍日;再如10月20日,应写成零壹拾月零贰拾日。

(三)原始凭证的审核内容

对填制的原始凭证要进行全面审核。审核原始凭证是会计机构、会计人员结合日常财务工作进行会计监督的基本形式。原始凭证的审核内容主要包括三个方面:

(1) 审核原始凭证的真实性。所谓真实,是指原始凭证上反映的应当是经济业务的本来面目,不得掩盖、歪曲和颠倒真实情况。审核原始凭证的基本内容——凭证的名称、接受凭证单位的名称、填制凭证的日期、经济业务的内容、总金额、填制单位和填制人员及有关人员的公章和签名、凭证的附件和凭证的编号等,是否真实和正确。主要审核经济业务双方当事单位和当事人的真实性,经济业务发生的时间、地点、填制凭证的日期的真实性,经济业务内容的真实性,经济业务的"量"的真实性,并重点审核单价、金额的真实性。凡有下列情况之一者不能作为正确的会计凭证:①未写接受单位名称或名称不符;②数量和金额计算不正确;③有关责任人员未签字或未盖章;④凭证联次不符;⑤有污染、抹擦、刀刮和挖补痕迹。

(2) 审核原始凭证的完整性。所谓完整,是指原始凭证应具备的要素要完整,手续要齐全。审核时要检查原始凭证必备的要素是否都填写了,例如,发票上要有供货单位的财务公章、税务专用章、本联发票用途、发票的编号等。要素不完整的原始凭证,原则上应退回重填。特殊情况下,需有旁证并经领导批准才能报账。审核原始凭证的手续是否齐全,主要包括:双方经办人是否签字或盖章;需要旁证的原始凭证,旁证不齐也应视为手续不齐全。例如,不需要入库的物品,发货票上应有使用证明人的签名;需要另外登记的原始凭证,须经登记以后再到会计部门报账;须经领导签名批准的原始凭证,要有领导人亲笔签名。手续不齐全的原始凭证,应退回补办手续后再予以受理。

(3) 审核原始凭证的合法性。所谓合法性,是指要按会计法规、会计制度(包括本单位制定的正在使用的会计制度和计划预算)办事。在实际工作中,要审核经济业务的发生是否符合相关政策和法规。违法的原始凭证主要有三种情况:明显的假发票、假车票;虽是真实的,但制度规定不允许报销的;虽能报销,但制度对报销的比例或金额有明显限制的,超过比例和限额的不能报销。

三、填制与审核记账凭证

会计机构、会计人员要根据审核无误的原始凭证填制记账凭证。记账凭证可以分为收款凭证(表 2-10)、付款凭证(表 2-11)和转账凭证(表 2-12),也可以使用通用记账凭证(表 2-13)。

表 2-10　收　款　凭　证

字第　　号

年　　月　　日　　　　　　　　　　　借方科目:_____

摘　要	贷　方		金　额	✓
	总账科目	明细科目	千百十万千百十元角分	
附单据　　张		合计		

财务主管:　　　　记账:　　　　出纳:　　　　复核:　　　　制单:

表 2-11　　付 款 凭 证　　　　　　　　　　　　　　字　第　　号

年　月　日　　　　　　　　　　　　　贷方科目：_____

摘　要	借方		金　额	√
	总账科目	明细科目	千百十万千百十元角分	
附单据　　张	合计			

财务主管：　　　　记账：　　　　出纳：　　　　复核：　　　　制单：

表 2-12　　转 账 凭 证　　　　　　　　　　　　　　字　第　　号

年　月　日

摘　要	总账科目	明细科目	借方金额	贷方金额	√
			千百十万千百十元角分	千百十万千百十元角分	
附单据　张	合计				

财务主管：　　　　记账：　　　　出纳：　　　　复核：　　　　制单：

表 2-13　　记 账 凭 证　　　　　　　　　　　　　　字　第　　号

年　月　日

摘　要	总账科目	明细科目	借方金额	贷方金额	√
			千百十万千百十元角分	千百十万千百十元角分	
附单据　张	合计				

财务主管：　　　　记账：　　　　　　　　　复核：　　　　制单：

(一) 记账凭证的填制要求

除与原始凭证相同的书写要求外,记账凭证的填制还有以下要求:

(1) 记账凭证的内容必须具备:填制凭证的日期,凭证编号,经济业务摘要,会计科目,金额,所附原始凭证张数,填制凭证人员、稽核人员、记账人员、会计机构负责人、会计主管人员的签名或者盖章。收款和付款记账凭证还应当由出纳人员签名或者盖章。以自制的原始凭证或者原始凭证汇总表代替记账凭证的,也必须具备记账凭证应有的项目。

(2) 填制记账凭证时,应当对记账凭证进行连续编号。一笔经济业务需要填制两张以上记账凭证的,可以采用分数编号法编号。

(3) 记账凭证可以根据每一张原始凭证填制,或者根据若干张同类原始凭证汇总填制,也可以根据原始凭证汇总表填制。但不得将不同内容和类别的原始凭证汇总填制在一张记账凭证上。

(4) 除结账和更正错误的记账凭证可以不附原始凭证外,其他记账凭证必须附有原始凭证。如果一张原始凭证涉及几张记账凭证,可以把原始凭证附在一张主要的记账凭证后面,并在其他记账凭证上注明附有该原始凭证的记账凭证的编号或者附原始凭证复印件。一张原始凭证所列支出需要几个单位共同负担的,应当将其他单位负担的部分,开给对方原始凭证分割单进行结算。原始凭证分割单必须具备原始凭证的基本内容:凭证名称、填制凭证日期、填制凭证单位名称或者填制人姓名、经办人的签名或者盖章、接受凭证单位名称、经济业务内容、数量、单价、金额和费用分摊情况等。

(5) 如果在填制记账凭证时发生错误,应当重新填制。已经登记入账的记账凭证,在当年内发现填写错误时,可以用红字填写一张与原内容相同的记账凭证,在摘要栏注明"注销某月某日某号凭证"字样,同时再用蓝字重新填制一张正确的记账凭证,注明"订正某月某日某号凭证"字样。如果会计科目没有错误,只是金额错误,也可以将正确数字与错误数字之间的差额,另编一张调整的记账凭证,调增金额用蓝字,调减金额用红字。发现以前年度记账凭证有错误的,应当用蓝字填制一张更正的记账凭证。

(6) 记账凭证填制完经济业务事项后,如有空行,应当自金额栏最后一笔金额数字下的空行处至合计数上的空行处划线注销。

(7) 实行会计电算化的单位,对于机制记账凭证,要认真审核,做到会计科目使用正确,数字准确无误。打印出的机制记账凭证要加盖制单人员、审核人员、记账人员及会计机构负责人、会计主管人员的印章或者签字。

(二) 记账凭证传递与保管要求

各单位会计凭证的传递程序应当科学、合理,具体办法由各单位根据会计业务需要自行规定。会计机构、会计人员要妥善保管会计凭证。

(1) 会计凭证应当及时传递,不得积压。

(2) 会计凭证登记完毕后,应当按照分类和编号顺序保管,不得散乱丢失。

(3) 记账凭证应当连同所附的原始凭证或者原始凭证汇总表,按照编号顺序,折叠整齐,按期装订成册,并加具封面,注明单位名称、年度、月份和起讫日期、凭证种类、起讫号码,由装订人在装订线封签外签名或者盖章。对于数量过多的原始凭证,可以单独装订保管,在封面上注明记账凭证日期、编号、种类,同时在记账凭证上注明"附件另订"和原始凭证名称及编号。

(4)各种经济合同、存出保证金收据以及涉外文件等重要原始凭证,应当另编目录,单独登记保管,并在有关的记账凭证和原始凭证上相互注明日期和编号。

(5)原始凭证不得外借,其他单位如因特殊原因需要使用原始凭证时,经本单位会计机构负责人、会计主管人员批准,可以复制。向外单位提供的原始凭证复制件,应当在专设的登记簿上登记,并由提供人员和收取人员共同签名或者盖章。

(6)从外单位取得的原始凭证如有遗失,应当取得原开出单位盖有公章的证明,并注明原来凭证的号码、金额和内容等,由经办单位会计机构负责人、会计主管人员和单位领导人批准后才能代作原始凭证。如果确实无法取得证明的,如火车、轮船、飞机票等凭证,由当事人写出详细情况,由经办单位会计机构负责人、会计主管人员和单位领导人批准后代作原始凭证。

(三)记账凭证的审核要求

所有填制好的记账凭证都必须经过其他会计人员认真审核并签章。加强对记账凭证的审核,是保证会计核算工作质量的重要环节,只有经过审核无误的记账凭证才能作为登记账簿的依据。

(1)内容是否真实。审核记账凭证是否附有原始凭证,所附原始凭证的内容是否与记账凭证记录的内容一致,记账凭证汇总表与记账凭证的内容是否一致。

(2)项目是否齐全。审核记账凭证各项目的填写是否齐全,如日期、凭证编号、摘要、会计科目、金额、所附原始凭证张数及有关人员签章等。

(3)科目是否正确。审核记账凭证的应借、应贷科目是否正确,是否有明确的账户对应关系等。

(4)金额是否正确。审核记账凭证所记录的金额与原始凭证的有关金额是否一致,记账凭证汇总表的金额与记账凭证的金额合计是否相符等。

(5)书写是否正确。审核记账凭证中的记录是否文字工整、数字清晰,是否按规定使用蓝黑墨水或碳素墨水等。

四、登记会计账簿

各单位应当按照国家统一的会计制度的规定和会计业务的需要设置会计账簿。会计账簿包括总账、明细账、日记账和其他辅助性账簿。会计人员应当根据审核无误的会计凭证登记会计账簿。

(一)登记账簿的基本要求

(1)登记会计账簿时,应当将会计凭证日期、编号、业务内容摘要、金额和其他有关资料逐项记入账内,并做到数字准确、摘要清楚、登记及时、字迹工整。

(2)登记完毕后,要在记账凭证上签名或者盖章,并注明已经登账的符号,表示已经记账。

(3)账簿中书写的文字和数字上面要留有适当空格,不要写满格,一般应占格距的二分之一。

(4)登记账簿要用蓝黑墨水或者碳素墨水书写,不得使用圆珠笔(银行的复写账簿除外)

或者铅笔书写。

(5) 下列情况,可以用红色墨水记账:

① 按照红字冲账的记账凭证,冲销错误记录;

② 在不设借、贷等栏的多栏式账页中,登记减少数;

③ 在三栏式账户的余额栏前,如未印明余额方面的,在余额栏内登记负数余额;

④ 根据国家统一的会计制度的规定可以用红字登记的其他会计记录。

(6) 各种账簿按页次顺序连续登记,不得跳行、隔页。如果发生跳行、隔页,应当将空行、空页划线注销,或者注明"此行空白""此页空白"字样,并由记账人员签名或者盖章。

(7) 凡需要结出余额的账户,结出余额后,应当在"借或贷"等栏内写明"借"或者"贷"等字样。没有余额的账户,应当在"借或贷"等栏内写"平"字,并在余额栏内用"0"表示。现金日记账和银行存款日记账必须逐日结出余额。

(8) 每一账页登记完毕结转下页时,应当结出本页合计数及余额,写在本页最后一行和下页第一行有关栏内,并在摘要栏内注明"过次页"和"承前页"字样;也可以将本页合计数及金额只写在下页第一行有关栏内,并在摘要栏内注明"承前页"字样。对需要结计本月发生额的账户,结计"过次页"的本页合计数应当为自本月初起至本页末止的发生额合计数;对需要结计本年累计发生额的账户,结计"过次页"的本页合计数应当为自年初起至本页末止的累计数;对既不需要结计本月发生额也不需要结计本年累计发生额的账户,可以只将每页末的余额结转次页。

(9) 实行会计电算化的单位,总账和明细账应定期打印。发生收款和付款业务的,在输入收款凭证和付款凭证的当天必须打印出现金日记账和银行存款日记账,并与库存现金核对无误。

(二) 错账更正的方法

账簿记录发生错误,不准涂改、挖补、刮擦或者用药水消除字迹,不准重新抄写,必须按照下列方法进行更正:

1. 划线更正

划线更正又称红线更正。如果发现账簿记录有错误,而其所依据的记账凭证没有错误,即纯属记账时文字或数字的笔误,应采用划线更正的方法进行更正。更正方法如下:

(1) 将错误的文字或数字划一条红色横线注销,但必须使原有字迹仍可辨认,以备查找;

(2) 在划线的上方用蓝字或黑字将正确的文字或数字填写在同一行的上方位置,并由更正人员在更正处盖章,以明确责任。

2. 红字更正

红字更正又称红字冲销。在会计上,以红字记录表明对原记录的冲减。红字更正适用于以下两种情况:

(1) 根据记账凭证所记录的内容记账以后,发现记账凭证中的应借、应贷会计科目或记账方向有错误,且记账凭证同账簿记录的金额相吻合,应采用红字更正。先用红字填制一张与原错误记账凭证内容完全相同的记账凭证,并据以用红字登记入账,冲销原错误的账簿记录;再用蓝字或黑字填制一张正确的记账凭证,并据以用蓝字或黑字登记入账。

(2)根据记账凭证所记录的内容记账以后,发现记账凭证中应借、应贷的会计科目和记账方向都没有错误,记账凭证和账簿记录的金额也吻合,只是所记金额大于应记的正确金额,应采用红字更正。更正的方法是将多记的金额用红字填制一张与原错误记账凭证所记载的借贷方向、应借应贷会计科目相同的记账凭证,并据以登记入账,以冲销多记金额,求得正确金额。

3. 补充登记

补充登记又称蓝字补记。根据记账凭证所记录的内容记账以后,发现记账凭证中应借、应贷的会计科目和记账方向都没有错误,记账凭证和账簿记录的金额也吻合,只是所记金额小于应记的正确金额,应采用补充登记法。更正的方法是将少记的金额用蓝字或黑字填制一张与原错误记账凭证所记载的借贷方向、应借应贷会计科目相同的记账凭证,并据以登记入账,以补记少记金额,求得正确金额。

(三)对账的基本方法

各单位应当定期对会计账簿记录的有关数字与库存实物、货币资金、有价证券、往来单位或者个人等进行相互核对,保证账证相符、账账相符、账实相符。对账工作每年至少进行一次。

1. 账证核对

核对会计账簿记录与原始凭证、记账凭证的时间、凭证字号、内容、金额是否一致,记账方向是否相符。

2. 账账核对

核对不同会计账簿之间的账簿记录是否相符,包括:总账有关账户的余额核对、总账与明细账核对、总账与日记账核对、会计部门的财产物资明细账与财产物资保管和使用部门的有关明细账核对等。

3. 账实核对

核对会计账簿记录与财产等实有数额是否相符。包括:现金日记账账面余额与现金实际库存数核对,银行存款日记账账面余额定期与银行对账单核对,各种财产物资明细账账面余额与财与物资实存数额核对,各种应收、应付款明细账账面余额与有关债务、债权单位或者个人核对等。

(四)结账的基本要求

各单位应当按照规定定期结账。

1. 结账前

必须将本期所发生的各项经济业务全部登记入账。

2. 结账时

应当结出每个账户的期末余额。需要结出当月发生额的,应当在摘要栏内注明"本月合计"字样,并在下面通栏画单红线。需要结出本年累计发生额的,应当在摘要栏内注明"本年累计"字样,并在下面通栏画单红线;12月末的"本年累计"就是全年累计发生额;全年累计发生额下面应当通栏画双红线。年度终了结账时,所有总账账户都应当结出全年发生额和年末余额。

3. 年度终了

要把各账户的余额结转到下一会计年度,并在摘要栏注明"结转下年"字样;在下一会计年度新建有关会计账簿的第一行余额栏内填写上年结转的余额,并在摘要栏注明"上年结转"字样。

五、编制会计报表

会计报表是对企业财务状况、经营成果和现金流量的结构性表述。会计报表至少应当包括下列组成部分:资产负债表、利润表、现金流量表、所有者权益(或股东权益)变动表、附注。会计报表上述组成部分具有同等的重要程度。

企业应当以持续经营为基础,根据实际发生的交易和事项,按照《企业会计准则——基本准则》和其他各项会计准则的规定进行确认和计量,在此基础上编制会计报表。

(一) 编制会计报表的基本要求

(1) 单位对外报送的会计报表应当根据国家统一会计制度规定的格式和要求编制。单位内部使用的会计报表,其格式和要求由各单位自行规定。

(2) 会计报表应当根据登记完整、核对无误的会计账簿记录和其他有关资料编制,做到数字真实、计算准确、内容完整、说明清楚。任何人不得篡改或者授意、指使、强令他人篡改会计报表的有关数字。

(3) 会计报表之间、会计报表各项目之间,凡有对应关系的数字,应当相互一致。本期会计报表与上期会计报表之间有关的数字应当相互衔接。如果不同会计年度会计报表中各项目的内容和核算方法有变更,应当在年度会计报表中加以说明。

(4) 各单位应当按照国家统一的会计制度的规定认真编写会计报表附注及其说明,做到项目齐全,内容完整。

(二) 会计报表的报送

各单位应当按照国家规定的期限对外报送会计报表。对外报送的会计报表,应当依次编定页码,加具封面,装订成册,加盖公章。封面上应当注明单位名称,单位地址,会计报表所属年度、季度、月度,送出日期,并由单位领导人、总会计师、会计机构负责人、会计主管人员签名或者盖章。单位领导人对会计报表的合法性、真实性负法律责任。

根据法律和国家有关规定应当对会计报表进行审计的,会计报表编制单位应当先行委托注册会计师进行审计,并将注册会计师出具的审计报告随同会计报表按照规定的期限报送有关部门。

如果发现对外报送的会计报表有错误,应当及时办理更正手续。除更正本单位留存的会计报表外,还应同时通知接受会计报表的单位更正。错误较多的,应当重新编报。

项目三 会计业务专项实训

任务一 会计书写规范实训

一、实训目的

会计书写规范是对企业会计事项书写时采用书写工具、文字或数字、书写要求、书写方法及格式等方面进行的规范。通过任务一的实训,规范会计资料的书写,提高会计工作的质量。

二、实训主要知识点

会计书写的内容主要有阿拉伯数字的书写、数字中文大写以及汉字书写等。会计书写的基本规范有正确、规范、清晰、整洁。

正确是指对经济业务发生过程中的数字和文字进行准确、完整地记载。它是会计书写最基本的规范要求。

规范指记载各项经济业务的书写必须符合财经法规和会计制度的各项规定。从记账、核算、分析,到编制会计报表,都力求书写规范,文字表述精辟,同时要严格按书写格式写。

清晰指书写字迹清楚,容易辨认,账目条理清晰,使人一目了然。

整洁指凭证、账簿、报表都必须干净、清洁,整齐分明,无参差不齐及涂改现象。

(一)阿拉伯数字的书写规范

正确、规范和流利书写阿拉伯数字,是我国会计人员应掌握的基本功。重视会计工作中数字的训练,有助于会计人员素质的提高。现实工作中会计人员书写数字时,不仅存在大量不规范书写,而且存在"0""6"不分、"7""9"难辨的情况,甚至还有把"1"改为"4"或改为"7"等错误现象,有些人还把汉字的书写艺术引入小写数字领域,主张在会计记录中将数字"1234567890"写成美术字。所有这些,都不是财会工作中合乎规范的书写方法,也不合乎手工书写的正常习惯。

应该说财务会计中,尤其是会计记账过程中书写的阿拉伯数字,同数学中或汉字学中的书写方法并不一致,也不尽相同。

从字体上讲,既不能把数字写成刻板、划一的印刷体,也不能把它们写成难以辨认的草体,更不能为追求书写形式而把它们写成美术体。

从数字本身所占的位置看,既不能把数字写满格、占满行,又不能把数字写得太小、密密麻麻,让人不易辨认清楚,更不能超越账页上既定的格子。

从字形上看,既不能让数字垂直上下,也不能歪斜过度,更不能左倾右斜,毫无整洁感。书写要合乎规定要求,既要流利、美观,还要能方便纠错更改。

总之,财会工作中,尤其是会计记账过程中,阿拉伯数字的书写同普通的汉字书写有所不同,且已经约定俗成形成会计数字的书写格式。其具体要求是:

(1) 各数字自成体型,大小匀称,笔顺清晰,合乎手写体习惯,流畅、自然、不刻板。

(2) 书写时字迹工整,排列整齐有序且有一定的倾斜度(数字与底线成60度的倾斜),并以向左下方倾斜为好。

(3) 书写数字时,应使每位数字("7""9"除外)紧靠底线且不要顶满格(行)。一般来讲,每位数字约占预留格子(或空行)的1/2空格位置,每位数字之间一般不要连接,但不可预留间隔(以不增加数字为好);每位数字上方预留1/2空格位置,以便订正错误记录时使用。

(4) 对一组数字的正确书写是,按照自左向右的顺序进行,不可逆方向书写;在没有印刷数字格的会计书写中,同一行相邻数字之间应空出半个数字的位置。

(5) 除"4""5"以外的各单数字均应一笔写成,不能人为地增加数字的笔画。但注意整个数字要书写规范、流利、工整、清晰、易认不易改。

(6) 在会计运算或会计工作底稿中,运用上下几行数额累计加减时,应尽可能地保证纵行累计数字的位数对整齐,以免产生计算错误。

(7) 对于不易写好、容易混淆且笔顺相近的数字书写,尽可能地按标准字体书写,区分笔顺,避免混同,以防涂改。

如:"1"不能写短,且要合乎斜度要求,防止改为"4""6""7""9";书写"6"字时可适当扩大其字体,使起笔可向上伸到数码格的1/4处,下圆要明显,以防改为"8";"7""9"两字的落笔可下伸到底线外,约占下格的1/4位置;"6""8""9""0"都必须把圆圈笔画写顺,并一定要封口;"2""3""5""8"应各自成体,避免混同。

(8) 除采用电子计算机处理会计业务外,会计数字应用规范的手写体书写,不适用其他字体。只有这样,会计数字的书写才能规范、流利、清晰,合乎会计工作的书写要求。

(9) 数字书写错误的更正,一般采用划线更正法。严禁采用刮、擦、涂改或采用药水消除字迹的方法改错。如写错一个数字,或位置登错,一律用红线将错误的数字全部注销掉,并在错误的数字上盖章,而后在原数字的上半部分或正确位置写上正确数字。

阿拉伯数字书写示范如下:

（二）会计文字的书写规范

会计上的文字书写是指汉字书写，会计人员每天都离不开书写，既要书写文字，又要书写数字，且两者是相辅相成的。书写数字离不开文字的表述，文字也离不开数字的说明，只有文字、数字并用，才能正确反映经济业务。

会计人员在填制会计凭证时要写明经济业务内容、接受凭证单位名称、商品类别、计量单位、会计科目（总账科目和明细科目）及金额大写等；登记会计账簿时，要用汉字书写"摘要"栏，即会计事项和据以登账的凭证种类，如"收""付""转"字或"现收""现付""银收""银付""转"字等；编制会计报表时，撰写会计报告说明、会计分析报告及其他应用文字等，都需要汉字。所以说，文字书写在财务会计书写中具有重要作用。

1. 汉字书写的基本要求

会计工作对书写的基本要求是：简明扼要，字体规范，字迹清晰，排列整齐，书写流利并且字迹美观。

（1）用文字对所发生的经济业务简明扼要地叙述清楚，文字不能超过各书写栏。书写会计科目时，要按照会计制度的有关规定写出全称，不能简化、缩写，并且子目、明细科目也要准确、规范。

（2）书写字迹清晰、工整。书写文字时，可用正楷或行书，但不能用草书，要掌握每个字的重心，字体规范，文字大小应一致，汉字间适当留间距。

2. 书写汉字的基本技巧

会计人员在书写文字时，应养成正确的写字姿势，掌握汉字的笔顺和字体结构，写好规范的汉字。

（三）数字中文大写的书写规范

中文大写数字笔画多，不易涂改，主要用于填写需要防止涂改的销货发票、银行结算凭证等信用凭证，书写时要准确、清晰、工整、美观，如果写错，要标明凭证作废，需要重新填凭证。

（1）中文大写数字写法。中文分为数字（壹、贰、叁、肆、伍、陆、柒、捌、玖）和数位[拾、佰、仟、万、亿、元、角、分、零、整（正）]两个部分。中文书写通常采用正楷、行书两种。

会计人员在书写中文大写数字时，不能用另（0）、一、二、三、四、五、六、七、八、九、十等文字代替大写金额数据。

（2）中文大写数字的基本要求如下：

① 大写金额由数字和数位组成。数位主要包括：元、角、分、人民币和拾、佰、仟、万、亿以及数量单位等。

② 大写金额前若没有印制"人民币"字样的，书写时，在大写金额前要冠以"人民币"字样。"人民币"与金额首位数字之间不得留有空格，数字之间更不能留存空格，写数字与读数字顺序要一致。

③ 人民币以元为单位时，只要人民币元后分位没有金额（即无角无分，或有角无分），应在大写金额后加上"整"字结尾；如果分位有金额，在"分"后不必写"整"字。例如，58.69元，写成人民币伍拾捌元陆角玖分。因其分位有金额，在"分"后不必写"整"字。又如，58.60元，写成

人民币伍拾捌元陆角整。因其"分"位没有金额,故应在大写金额后加上"整"字结尾。

④ 如果金额数字中间有两个或两个以上"0"字,可只写一个"零"字。如金额为 800.10 元,应写为人民币捌佰元零壹角整。

⑤ 表示数字为拾几、拾几万时,大写文字前必须有数字"壹"字,因为"拾"字代表位数,而不是数字。例如 10 元,应写为壹拾元整。又如 16 元,应写成壹拾陆元整。

⑥ 大写数字不能乱用简化字,不能写错别字,如"零"不能用"另"代替,"角"不能用"毛"代替等。

⑦ 中文大写数字不能用中文小写数字代替,更不能与中文小写数字混合使用。

(3) 中文大写数字错误的订正方法。中文大写数字写错或发现漏记时不能涂改,也不能用划线更正法,必须重新填写凭证。

三、实训内容

(一) 阿拉伯数字书写示例

例 1:876 360 050 应书写为:

876 360 050

例 2:3 247 910 应书写为:

3 247 910

例 3:8 234 756 190 应书写为:

8 234 756 190

例 4:546 983 217 应书写为:

546 983 217

(二) 汉字大写金额书写示例

例 1:小写金额¥5 680.00
大写应写成:人民币伍仟陆佰捌拾元整
例 2:小写金额¥1 000 846.00

大写应写成:人民币壹佰万零捌佰肆拾陆元整。

例 3:小写金额￥7 230.94

大写应写成:人民币柒仟贰佰叁拾元零玖角肆分。

例 4:小写金额￥86 000.10 元

大写应写成:人民币捌万陆仟元零壹角整。

四、强化训练

(一)阿拉伯数字书写训练

1	2	3	4	5	6	7	8	9	0

(二)汉字书写训练

壹	贰	叁	肆	伍	陆	柒	捌	玖	拾

亿	万	仟	佰	拾	元	角	分	零	整

（三）请将下面汉字大写金额写成小写金额

（1）人民币叁万捌仟陆佰伍拾肆元柒角玖分

（2）人民币贰亿玖仟万零陆佰壹拾元整

（3）人民币柒佰肆拾叁万壹仟陆佰零玖元贰角整

（4）人民币壹佰万零捌佰肆拾陆元整

（5）人民币伍拾万零玖仟陆佰伍拾肆元整

（6）人民币壹仟陆佰捌拾贰元玖角叁分

（四）请在下列人民币小写金额后面写出汉字大写金额

（1）¥23 589 400.00
金额大写：
（2）¥8 003.43
金额大写：
（3）¥760 853.60
金额大写：
（4）¥976 300 200.06

金额大写：
(5) ￥520 000.00
金额大写：
(6) ￥189 547.79
金额大写：

任务二 原始凭证的填制与审核实训

一、实训目的

原始凭证是直接反映企业经济业务的凭证，只有正确、及时地填制或取得原始凭证，才能处理好企业的经济业务。通过任务二的实训，掌握原始凭证的填制要求，掌握主要原始凭证的填制方法。

二、实训主要知识点

（一）原始凭证的分类

原始凭证是在经济业务发生时取得或填制的，用以证明经济业务的发生或完成情况，并作为记账原始依据的会计凭证。

原始凭证按其取得的来源不同，可以分为自制原始凭证和外来原始凭证两类。

1. 自制原始凭证

自制原始凭证，是指由本单位内部经办业务的部门或个人，在完成某项经济业务时自行填制的凭证。自制原始凭证按其手续不同，又可分为一次凭证、累计凭证、汇总原始凭证和记账编制凭证四种。

（1）一次凭证是指只反映一项经济业务，或者同时反映若干项同类性质的经济业务，一次填写完成的原始凭证，如发票、报销单等。

（2）累计凭证是指在一定时期内连续记载若干项同类性质的经济业务，并且随经济业务的发生分次填制完成的原始凭证，如"限额领料单"等。

（3）汇总原始凭证是指为简化记账凭证的编制，将一定时期内若干份记录同类性质的经济业务的原始凭证编制成一张汇总凭证，用以集中反映某项经济业务总括发生情况的原始凭证，如"收料凭证汇总表""现金收入汇总表"等。

（4）记账编制凭证是根据账簿记录把某项经济业务加以归类、整理而编制的一种原始凭证，如"制造费用分配表"等。

2. 外来原始凭证

外来原始凭证，是指在同外单位发生经济业务往来时，从外单位取得的原始凭证。外来原始凭证都是一次凭证,如企业从外单位取得的购货发票等。

(二)原始凭证填制的要求

(1) 经办人员在填制原始凭证时,要对经济业务的内容进行审核,审核无误后才能填制原始凭证,凭证所反映的经济业务必须合法,必须符合国家有关政策、法令、规章、制度的要求;不符合以上要求的,不列入原始凭证。

(2) 根据经济业务的性质填制相应的凭证,原始凭证要采用本部门、行业、企业和地区、全国统一规定的标准格式。

(3) 填制在凭证上的内容和数字,必须真实可靠,符合有关经济业务的实际情况;各种凭证的内容必须逐项填写齐全,不得遗漏;必须符合手续完备的要求,经办业务的有关部门和人员要认真审查,签名盖章。

(4) 各种凭证的书写要做到文字简要、字迹清楚、易于辨认。不得使用未经国务院公布的简化字;阿拉伯数字要逐个写清楚,不得连写;在数字前应填写人民币符号"¥";属于套写的凭证,一定要写透,不要上面清楚,下面模糊。

(5) 大小写金额数字要符合规定,正确填写。小写金额用阿拉伯数字,应当一个一个地写,不得连笔写;汉字大写数字金额如零、壹、贰、叁、肆、伍、陆、柒、捌、玖、拾、佰、仟、万、亿等,一律用正楷或者行书体书写,不得用简化字代替;所有以元为单位的阿拉伯数字,除表示单位等情况外,一律填写到角分;无角分的,角位和分位写"00";有角无分的,分位应当写"0",不得用符号"——"代替。

(6) 各种凭证不得随意涂改、刮擦、挖补,填写错误需要更正时,应用划线更正法,即将错误的文字和数字,用红色墨水划线注销,再将正确的数字和文字用蓝字或黑字写在划线部分的上面,并签字盖章。发票类凭证如填错,必须加盖"作废"章,重新填制正确的凭证。

(7) 各种凭证必须连续编号,以便查考。各种凭证如果已预先印定编号,在填错作废时,应当加盖"作废"戳记,并全部保存,不得撕毁。

(8) 各种凭证必须及时填制,一切原始凭证都应按照规定程序及时送交财会部门,由财会部门加以审核,并据以编制记账凭证。

三、实训内容

主要原始凭证的填制方法如下:

1. 支票的填写方法

支票按正本、存根、背面顺序填写,最后盖章。支票正本上的出票日期,填写大写日期;收款人,填写全称(本单位全称);付款行名称及出票人账号,填写出票人开户行名称及账号;金额栏,同时填写大小写金额(小写金额前填写人民币符号"¥");用途栏填写款项用途;支票存根上的出票日期和金额,填写阿拉伯数字。科目栏和对方科目栏,不要填写。

上述内容填好后,检查有无错误。如发现填错,加盖"作废"戳记后留存,重新签发。若检查后无错误,在正本的空白(靠左)加盖财务专用章和法人代表章(属于银行预留印鉴)。

在实际工作中,把填好的支票按骑缝线剪开,持正本到银行提现金,或支付给收款人,支票存根则作为记账依据。转账支票填写示例如下：

中国工商银行 转账支票存根 No:121201	中国工商银行转账支票　　No:121201
出票日期2019年3月15日 收款人：锦明纺织 金额：¥73200.00 用途：支付材料款 单位主管 张平　会计 孙盈	出票日期（大写）贰零壹玖年零叁月壹拾伍日　付款行名称：工商银行南京城南支行 收款人：锦明纺织有限公司　　出票人账号：66012233 人民币（大写）　柒万叁仟贰佰元整　　　¥73200.00 用途：支付材料款 上列款项请从我账户内支付 出票人签章（江苏飞扬纺织有限公司财务专用章）（辉李印林）　复核　　记账 本支票付款期限十天

2. 进账单的填写

当企业持转账支票、银行本票和银行汇票等到银行办理转账时，须填制进账单。进账单一般一式三联，第一联为回单，是出票人开户银行交给出票人的回单；第二联为贷方凭证，由收款人开户银行作贷方凭证；第三联为收账通知，是收款人开户银行交给收款人的收账通知。进账单中须填写下列项目：收款人或付款人全称为企业在银行开户名称；账号为开户银行账号；开户银行为开户银行全称；大写金额应紧接"人民币"书写；小写金额要与大写金额进账相对应；票据种类一般为转账支票、银行本票和银行汇票等；票据张数为送存银行的票据张数。进账单第三联填写示例如下：

中国工商银行进账单（收账通知）

2019年3月19日

付款人	全称	远大公司	收款人	全称	江苏飞扬纺织有限公司	此联是银行交给收款人的收账通知
	账号	20532308		账号	66012233	
	开户银行	工商银行海汇支行		开户银行	工商银行南京城南支行	
人民币（大写）		伍拾陆万元整			¥560000.00	
票据种类		转账支票				
票据张数		1张				
票据号码		（略）				
单位主管　会计　复核　记账				收款人开户行盖章		

3. 借款单填写

借款单填写时主要注意应把经济业务发生的时间、缘由、金额的大小写填写正确,并由经办人员、单位负责人、财务负责人签章。借款单填写示例如下:

借 款 单

2019 年 4 月 16 日　　　　　　　　　　　　　　　　No：0248

借款单位： 销售部			
借款事由： 出差预支差旅费			
借款金额：人民币（大写）叁仟元整			¥3 000.00
备注			现金付讫
单位主管	财务主管	借款单位主管	借款人
	张平	宋志南	张军

4. 收据的填写

实际工作中使用的收据为一式三联,用蓝黑色圆珠笔复写。发票上的日期为收款日期,客户名称要填写全称,款项内容根据发生的业务填写,填写大小写金额(小写金额前填写人民币符号"¥"),会计、经办人员要签章,审核无误后加盖收款单位财务专用章。收据填写示例如下:

收 款 收 据

2019 年 4 月 25 日　　　　　　　　　　　　　　　　No：0267

交款单位： 张军			
收款事由： 预支差旅费剩余			收款方式：现金
借款金额：人民币（大写）陆佰伍拾元整			¥650.00
备注			现金收讫
财务主管	记账	出纳	交款人
张平	王利	孙盈	张军

5. 增值税专用发票的填写

增值税专用发票是一般纳税人销售货物、提供应税劳务和应税服务开具的增值税专用发票、货物运输业增值税专用发票和增值税普通发票。其填写要求如下：

（1）增值税专用发票应由纳税人从税控设备打印，不得手工填写。增值税专用发票一般一式至少三联，分别是记账联、抵扣联、发票联，其他为备用联。

（2）发票字迹清楚，不得涂改。如填写有误，应另行开具专用发票，并在误填的专用发票上注明"误填作废"四字。如专用发票开具后因购货方不索取而成为废票的，也应按填写有误办理。

（3）发票联和抵扣联加盖单位发票专用章，不得加盖其他财务印章。根据不同版本的专用发票，财务专用章或发票专用章分别加盖在专用发票的左下角或右下角，覆盖"开票单位"一栏。发票专用章使用红色印泥。

增值税专用发票填写示例如下：

(4) 填写内容齐全，具体包括以下事项：

① 项目填写齐全，全部联次一次填开，上、下联的内容和金额一致。

② 开票日期按公历用阿拉伯数字填写。

③ 购货单位名称填写全称，纳税人识别号按税务登记代码填写。

④ 货物或应税劳务名称、规格型号、计量单位、数量、税率按实际情况填写；金额应填写不含税的销售额；税额、价税合计都应计算准确。在"金额""税额"栏合计（小写）数前必须用"￥"符号封顶，在"价税合计（大写）"栏大写合计数前用"⊗"符号封顶。

⑤ 销货单位的名称、地址、电话、税务登记号、开户银行及账户均应填齐，并加盖单位发票专用章（第一联、第四联不加盖）。税控机开出的增值税专用发票要求与手工开出的基本相同，税控发票一式七联。

⑥ 自 2019 年 7 月 1 日起,购买方为企业的,索取增值税普通发票时,应向销售方提供纳税人识别号或统一社会信用代码;销售方为其开具增值税普通发票时,应在购买方"纳税人识别号"栏填写购买方的纳税人识别号或统一社会信用代码。不符合规定的发票,不得作为税收凭证。

6. 普通发票的填写

普通发票是企业销售应税货物或劳务而取得收入时,向购货方填写、出具的发票。其填写要求如下:

(1) 应使用蓝(黑)色复写纸一次性将各联次套写,不得将各联次分别填写。

(2) 按号码顺序使用,填写字迹清楚,不得涂改、挖补,如属裁剪发票,发票联大写与剪券剪留的金额相符,否则视为无效发票。作废的发票应加盖"作废"字样,并将原有各联附在存根联上,已用发票的存根保存好,以备税务部门验收。

(3) 填写内容齐全,具体包括以下事项:

① 开票日期按公历用阿拉伯数字填写。

② 购货单位名称填写全称。

③ 货物或应税劳务名称、规格型号、计量单位、数量按实际情况填写,并加盖单位发票专用章。

普通机打发票填写示例如下:

7. 收料单的填写

收料单(产品入库单)是企业将材料、产成品验收入库时,由仓库保管员填写。

(1) 应用蓝(黑)色复写纸一次复写各联。一般一式四联,其中,第一联为存根;第二联由保管员用以登记材料、产成品保管账;第三联交财会部门,据以核算材料及产成品入库的实际成本;第四联交统计部门。

(2) 各项内容填写应齐全,书写规范。

(3) 各有关责任人签名盖章。

收料单填写示例如下:

收 料 单

供货单位:锦明纺织
发票号码:00001051
2019 年 3 月 1 日

No. 0803
材料仓库

名称及规格	计量单位	数　　量		金　　额	
		应收	实收	单价	金额(元)
混纺毛线	千克	1 000	1 000	100.00	100 000.00
备注				合计	100 000.00

质检:×××　　　主管:×××　　　　　收料:×××　　　　采购:×××

第三联　记账联

8. 领料单的填写

领料单(产品出库单)是由领用部门在领用材料及销售产品时填写的。其填写方法与收料单、产品入库单的填写方法相同。仓库审核发出材料或产成品后,将其中第三联交财会部门,据以核算材料、产成品的发出和相关材料费用及产品销售成本。领料单填写示例如下:

领 料 单

领料部门:生产
用　　途:生产混纺围巾
2019 年 3 月 12 日

No. 1101
材料仓库

材料规格及名称	计量单位	数　　量		价　　格	
		请领	实领	单价	金额(元)
混纺毛线	千克	200	200	100.00	20 000.00
备注				合计	20 000.00

记账:×××　　　发料:×××　　　　审批:×××　　　　领料:×××

第三联　记账联

四、强化训练

2019 年 11 月 18 日,江苏飞扬纺织有限公司开出转账支票一张支付前欠北京义顺纺织材

料有限公司货款 418 860 元。（相关信息请见项目三）

中国工商银行 转账支票存根 No:76680978		中国工商银行转账支票　　No:76680978
出票日期　　年　月　日 收款人： 金额： 用途：支付材料款 单位主管　　会计	本支票付款期限十天	出票日期(大写)　　年　月　日　　付款行名称： 收款人：　　　　　　　　　　　　　出票人账号： 人民币　　　　　　　千百十万千百十元角分 (大写) 用途_____ 上列款项请从 我账户内支付 出票人签章　　　　　　　　复核　　　　记账

任务三　记账凭证的填制与审核实训

一、实训目的

记账凭证是用会计语言来记录经济事项，是会计处理程序中的重要一环。通过任务三的实训，掌握记账凭证的填制规范和填制方法，会填制基本会计业务的记账凭证。

二、实训主要知识点

记账凭证是会计人员根据审核无误的原始凭证或汇总原始凭证，用来确定经济业务应借、应贷的会计科目和金额而填制的，作为登记账簿直接依据的会计凭证。记账凭证是登记总分类账及各明细分类账的依据。

（一）记账凭证分类

记账凭证按其适用的经济业务分为专用记账凭证和通用记账凭证两类。

1. 专用记账凭证

专用记账凭证，是用来专门记录某一类经济业务的记账凭证。专用记账凭证按其所记录经济业务是否与货币资金的收付有关，又分为收款凭证、付款凭证和转账凭证三种。

（1）收款凭证。收款凭证是用来记录现金和银行存款收入业务的记账凭证，根据现金和银行存款收款业务的相关原始凭证填制。

（2）付款凭证。付款凭证是用来记录现金和银行存款支出业务的记账凭证，根据现金和银行存款付款业务的相关原始凭证填制。

收款凭证和付款凭证既是登记现金日记账、银行存款日记账、总分类账和明细分类账的依据,也是出纳人员收、付款项的依据。对于现金和银行存款之间的划转业务,为了避免重复登账,通常只编付款凭证。如企业从银行提取现金,只编制银行存款付款凭证;反过来,企业将现金存入银行,只编制现金付款凭证。

(3) 转账凭证。转账凭证是用来记录与现金和银行存款收付款业务无关的经济业务的记账凭证,根据与现金和银行存款收付款业务无关的各项原始凭证填制。

2. 通用记账凭证

通用记账凭证不再分为收款凭证、付款凭证和转账凭证,而是以一种格式记录全部经济业务。在经济业务比较简单的经济单位,为了简化凭证,可以使用通用记账凭证记录所发生的各种经济业务。

(二) 记账凭证填制的要求

各种记账凭证的填制,除了严格做到填制原始凭证的要求外,还必须注意以下几点:

(1) 填制记账凭证,可以根据每一份原始凭证单独填制,也可以根据同类经济业务的多份原始凭证汇总填制,还可以根据汇总原始凭证填制。

(2) 内容填写必须齐全。记账凭证的填写内容一般包括:凭证的日期,凭证编号,经济业务事项摘要,应记录的会计科目、方向和金额,记账符号,记账凭证所附原始凭证的张数,记账凭证的填制人员、稽核人员、记账人员和会计主管人员的签名或盖章。此外,收、付款凭证还需出纳人员的签章。填写时应逐项填制,不得遗漏。出纳人员根据收、付款凭证收、付款项,要在凭证上加盖"收讫"或"付讫"戳记,以免重复收付,防止差错。

(3) 记账凭证的摘要栏既是对经济业务的简要说明,又是登记账簿的重要依据,必须针对不同性质的经济业务的特点,考虑登记账簿的需要,正确填写,简明扼要,明确清晰。

(4) 必须按照会计制度统一规定的会计科目,根据经济业务的性质,编制会计分录,以保证核算口径一致,便于综合汇总。

(5) 收、付款凭证应按货币资金收付的日期填写,转账凭证原则上应按收到原始凭证的日期填写。如果一份转账凭证依据不同日期的某类原始凭证填制,可按填制凭证日期填写。在月终时,有些转账业务要等到下月初方可填制转账凭证时,也可按月末的日期填写。

(6) 记账凭证在一个月内应当连续编号,以便查核。在使用通用记账凭证时,可按经济业务发生的顺序编号。采用收款凭证、付款凭证和转账凭证的,可采用"字号编号法",即按凭证类别顺序编号。例如:现收字第×号、现付字第×号、银收字第×号、银付字第×号、转字第×号等。一笔经济业务需要编制两张以上转账凭证时,可采用分数编号法。例如:一笔经济业务需要编制两张转账凭证,凭证的顺序号为10号时,可编为转字第10-1/2号、转字第10-2/2号。前面的整数表示业务顺序,分母表示此笔业务共编两张记账凭证,分子表示两张中的第1张和第2张。

(7) 记账凭证上应注明所附原始凭证的张数,以便查核。如果根据同一原始凭证填制数张记账凭证,则应在未附原始凭证的记账凭证上注明"附件××张,见第××号记账凭证"。如果原始凭证需要另行保管,则应在附件栏目内加以注明,但更正错账和结账的记账凭证可以不附原始凭证。

(8) 金额填写应准确,每张记账凭证必须填写合计栏金额,并在合计金额前加人民币符号

"¥",将金额栏最后一笔的金额数字下至合计金额之间的空栏处画对角线或画"∫"线注销。

(9)在同一项经济业务中,如果既有现金或银行存款的收付业务,又有转账业务,应相应地填制收、付款凭证和转账凭证。如业务员出差回来,报销差旅费500元,出差前已预借1 000元,剩余款项交回现金。对于这项经济业务,应根据收款收据的记账联填制现金收款凭证,同时根据差旅费报销凭单编制转账凭证。

(10)记账凭证登记入账后,应在"记账"栏标明已入账的标记"√",并由记账人员在记账凭证上签章。

(11)记账凭证如果填错,应该作废重填。

三、实训内容

(一)专用记账凭证的填制

1. 收款凭证的填制

收款凭证的填制日期应按货币资金收到的日期填写,凭证的编号可采用"字号编号法",即按凭证类别顺序编号,如:现收字第×号、银收字第×号。收款凭证左上方的科目是借方科目,应是"库存现金"或"银行存款",收款凭证内反映的是与"库存现金"或"银行存款"科目相对应的贷方科目。凭证"摘要"栏内填写业务的简要说明,凭证下方填写所附原始凭证的张数。收款凭证填制示例如下:

收 款 凭 证

银收字第1号

2019年1月2日　　　　　　借方科目:银行存款

摘要	贷方		金额	√
	总账科目	明细科目	千百十万千百十元角分	
销售产品收到货款	主营业务收入	甲产品	3 8 4 0 0 0 0	
		乙产品	1 6 8 0 0 0 0	
	应交税费	应交增值税(销项税额)	9 3 8 4 0 0	
附单据 4张	合计		¥ 6 4 5 8 4 0 0	

财务主管:张平　　记账:王利　　出纳:孙盈　　复核:刘晓静　　制单:刘亚

2. 付款凭证的填制

付款凭证的填制日期为业务发生日期,可采用"字号编号法",即按凭证类别顺序编号,如现付字第×号、银付字第×号。付款凭证左上方的科目是贷方科目,贷方科目应是"库存现金"或"银行存款",凭证内反映的是与"库存现金"或"银行存款"科目相对应的借方科目。凭证"摘

要"栏内填写业务的简要说明,凭证下方填写所附原始凭证的张数。付款凭证填制示例如下:

付 款 凭 证

银付字第 61 号

2019 年 1 月 31 日　　　　　　　　　贷方科目:　银行存款

摘　要	借　方		金　额	
	总账科目	明细科目	千百十万千百十元角分	✓
支付短期借款的利息	应付利息	工行借款利息	5 8 0 1 2 5 0	
附单据　2 张		合计	¥ 5 8 0 1 2 5 0	

财务主管:张平　　　记账:王利　　　出纳:孙盈　　　复核:刘晓静　　　制单:刘亚

3. 转账凭证的填制方法

转账凭证由会计人员根据审核无误的转账业务原始凭证填制。转账凭证填制示例如下:

转 账 凭 证

转字第 78 号

2019 年 1 月 31 日

摘　要	总账科目	明细科目	借方金额	贷方金额	✓
			千百十万千百十元角分	千百十万千百十元角分	
结转本年利润	本年利润		1 0 2 7 8 6 5		
		管理费用		7 9 4 6 0 0	
		财务费用		1 3 5 2 6 5	
		营业外支出		9 8 0 0 0	
附单据　　张		合计	¥ 1 0 2 7 8 6 5	¥ 1 0 2 7 8 6 5	

财务主管:张平　　　记账:王利　　　出纳:孙盈　　　复核:刘晓静　　　制单:刘亚

(二)通用记账凭证的填制方法

通用记账凭证是用以记录各种经济业务的凭证。采用通用记账凭证的经济单位,不再根据经济业务的内容分别填制收款凭证、付款凭证和转账凭证,所以,涉及货币资金收、付款业务的记账凭证是由出纳员根据审核无误的原始凭证收、付款后填制的,涉及转账业务的记账凭证是由有关人员根据审核无误的原始凭证填制的。通用记账凭证填制示例如下：

记 账 凭 证

记字第 1 号

2019 年 1 月 2 日

摘　要	总账科目	明细科目	借方金额 千百十万千百十元角分	贷方金额 千百十万千百十元角分	✓
生产领用原材料	生产成本	羊绒围巾	1 0 5 0 0 0 0		
	原材料	羊绒毛线		1 0 5 0 0 0 0	
附单据　1 张	合计		￥　　1 0 5 0 0 0 0	￥　　1 0 5 0 0 0 0	

财务主管：张平　　　　　记账：王利　　　　　复核：刘晓静　　　　　制单：刘亚

四、强化训练

2019 年 10 月，江苏飞扬纺织有限公司发生了下列经济业务，请用书后附录中相应的空白记账凭证填制。

（1）10 月 3 日，收到投资者投入的货币资金 200 000 元，已存入银行。原始凭证为银行存款通知单 1 张。

（2）10 月 5 日，用银行存款购入不需要安装的设备 1 台，价款 40 000 元，增值税进项税额 5 200 元。原始凭证为银行存款转账支票存根 1 张，销售设备企业增值税专用发票 1 张。

（3）10 月 10 日，发出材料 1 批，实际成本 12 000 元，用于 AB 产品生产。原始凭证为领料单 1 张。

（4）10 月 15 日，从银行提取现金 2 000 元。原始凭证为现金支票存根 1 张、银行付款通知单 1 张。

（5）10 月 17 日，借入短期借款 20 000 元，已存入银行。原始凭证为借款合同 1 份、银行收款通知单 1 张。

（6）10 月 18 日，用银行存款 35 000 元偿还应付账款。原始凭证为银行存款转账支票存根 1 张、银行付款通知单 1 张。

任务四　会计账簿登记实训

一、实训目的

设置会计账簿是会计工作的一个重要环节,科学地设置账簿和正确地登记账簿对于会计核算工作具有重要意义。通过任务四的实训,掌握各种账簿的填制要求,掌握各种账簿的填制方法。

二、实训主要知识点

(一) 账簿启用的条件和原则

(1) 新创立的企业及其他经济单位,应依法建账,并启用账簿。持续经营的单位,在每个新的会计年度开始时,除固定资产明细账等少数明细分类账簿和备查账簿可以连续使用旧账外,其他的分类账簿和日记账均要在新年度开始时启用新账,不能跨年度使用。

(2) 在账簿封面上写明单位名称和账簿名称。

(3) 扉页填列"账簿启用表",总账还应填列"科目索引"。

(二) 账簿的设置原则

(1) 账簿的设置要组织严密、体系完整,相关账簿之间要有统驭关系或平衡的制约关系,以提供科学、完整的核算指标,满足有关各方对会计信息的要求。

(2) 账簿的设置要在满足实际需要的前提下,考虑节省人力、物力,防止重叠设账、重复记账;同时,账簿格式的设计要力求简便实用,避免繁琐复杂,以提高会计工作效率。

(3) 账簿的设置要保证能正确、及时地提供编制会计报表所需要的资料。

(4) 账簿设置要符合单位的实际情况,有利于财会部门的内部分工和加强岗位责任,便于进行记账、算账、报账工作,单位规模大小、会计机构和人员配备的不同,账簿设置也应有所不同。

(三) 账簿的基本内容及登记要求

1. 封面

封面包括:单位名称,账簿名称,启用日期,账簿册数,账簿编号,账簿页数,记账人员和会计机构负责人、会计主管人员姓名,并加盖名章和单位公章。

2. 扉页

在总账和明细账的扉页上一般设有科目索引,标明每一个分类账户所在页数,以方便记账。

会计人员因故离职时,应办理交接手续,在启用表接交记录栏内,填写清楚交接日期、接办人员和监交人员姓名等内容,并由交接双方人员签名或者盖章;实行会计电算化的单位,还应当在移交清册中列明会计软件及密码、会计软件数据磁盘(磁带等)及有关资料、实物等内容。账簿启用表示例如下:

账簿启用及接交表

单位名称	江苏飞扬纺织有限公司						印　鉴		
账簿名称	银行存款日记账								
账簿编号	共计　　册,第　　册,本账簿共计　　页								
启用日期	2019年1月1日至2019年12月31日								

经管人员	负责人		主办会计		复核		记账	
	姓名	盖章	姓名	盖章	姓名	盖章	姓名	盖章
	张平	张平	王兰	王兰	刘晓静	刘晓静	孙盈	孙盈

接交记录	经管人员		接管				交出			
	职别	姓名	年	月	日	盖章	年	月	日	盖章

备注	

3. 账页

依据《会计基础工作规范》(2019年修订)第六十条规定(以下简称《规范》),登记会计账簿的基本要求是:

(1) 准确完整。"登记会计账簿时,应当将会计凭证日期、编号、业务内容摘要、金额和其他有关资料逐项记入账内,做到数字准确、摘要清楚、登记及时、字迹工整。"每一项会计事项,一方面要记入有关的总账,另一方面要记入该总账所属的明细账。账簿记录中的日期,应该填写记账凭证上的日期;以自制的原始凭证,如收料单、领料单等作为记账依据的,账簿记录中的日期应按有关自制凭证上的日期填列。

(2) 注明记账符号。"登记完毕后,要在记账凭证上签名或者盖章,并注明已经登账的符号,表示已经记账。"在记账凭证上设有专门的栏目供注明记账的符号,以免发生重记或漏记。

(3) 文字和数字必须整洁清晰,准确无误。在登记书写时,不要滥造简化字,不得使用同音异义字,不得写怪字体;摘要文字紧靠左线;数字要写在金额栏内,不得越格错位、参差不齐;文字、数字字体大小适中,紧靠下线书写,上面要留有适当空距,一般应占格宽的1/2,以备按规定的方法改错。记录金额时,如为没有角分的整数,应分别在角分栏内写上"0",不得省略不写,或以"——"号代替。阿拉伯数字一般可自左向右适当倾斜,以使账簿记录整齐、清晰。为防止字迹模糊,墨迹未干时不要翻动账页;夏天记账时,可在手臂下垫一块软质布或纸板等书写,以防汗浸。

（4）正常记账使用蓝黑墨水。"登记账簿要用蓝黑墨水或者碳素墨水书写,不得使用圆珠笔（银行的复写账簿除外）或者铅笔书写。"在会计的记账书写中,数字的颜色是重要的语素之一,它同数字和文字一起传达出会计信息。如同数字和文字错误会表达错误的信息,书写墨水的颜色用错了,其导致的概念混乱不亚于数字和文字错误。

（5）特殊记账使用红墨水。"下列情况,可以用红色墨水记账:①按照红字冲账的记账凭证,冲销错误记录;②在不设借贷等栏的多栏式账页中,登记减少数;③在三栏式账户的余额栏前,如未印明余额方向的,在余额栏内登记负数余额;④根据国家统一会计制度的规定可以用红字登记的其他会计记录。"

（6）顺序连续登记。"各种账簿按页次顺序连续登记,不得跳行、隔页。如果发生跳行、隔页,应当将空行、空页画线注销,或者注明'此行空白''此页空白'字样,并由记账人员签名或者盖章。"这对堵塞在账簿登记中可能出现的漏洞是十分必要的防范措施。

（7）结出余额。"凡需要结出余额的账户,结出余额后,应当在'借或贷'等栏内写明'借'或者'贷'等字样。没有余额的账户,应当在'借或贷'等栏内写'平'字,并在余额栏内用'0'表示。现金日记账和银行存款日记账必须逐日结出余额。"一般来说,对于没有余额的账户,在余额栏内标注的"0"应当放在"元"位。

（8）过次承前。"每一账页登记完毕结转下页时,应当结出本页合计数及余额,写在本页最后一行和下页第一行有关栏内,并在摘要栏内注明'过次页'和'承前页'字样;也可以将本页合计数及金额只写在下页第一行有关栏内,并在摘要栏内注明'承前页'字样。"也就是说,"过次页"和"承前页"的方法有两种:一是在本页最后一行内结出发生额合计数及余额,然后过次页并在次页第一行承前页;二是只在次页第一行承前页写出发生额合计数及余额,不在上页最后一行结出发生额合计数及余额后过次页。

（四）对账与结账

1. 对账

对账是指企业、行政事业单位定期对会计账簿记录的有关数字与相关的会计凭证、库存实物、货币资金、有价证券、往来单位或者个人等进行相互核对,以保证账证相符、账账相符、账实相符、账表相符。

对账的主要内容包括:

（1）账证核对,是将账簿记录同会计凭证核对,以保证账证相符。主要核对记录时间、凭证字号、内容、金额是否一致,记账方向是否相符。

(2)账账核对,是将不同账簿进行相互核对,以保证账账相符。主要内容有:将全部总分类账簿的本期借方发生额合计数与本期贷方发生额合计数进行核对,将全部总分类账簿的期末借方余额合计数与期末贷方余额合计数进行核对;将总分类账与其所属的明细分类账进行核对,检查总账和明细账双方记载的经济业务内容及记账方向是否一致,总账金额与其所属明细账金额之和是否一致;将"现金日记账""银行存款日记账"的期末余额与总分类账中"库存现金""银行存款"账上的期末余额核对。

(3)账实核对,是将账簿的有关记录同有关财产的实有数额核对,以保证账实相符。其具体核对内容包括:将"现金日记账"账面余额与库存现金实际结余数额核对,将"银行存款日记账"账面余额与银行转来的对账单上的余额核对,各种财产物资明细账账面余额与该项财产物资的实际结存数额核对,各种应收、应付款项的明细分类账账面余额与债权、债务单位或个人进行核对,达到相符。

(4)账表核对,是将账簿的有关记录同会计报表的有关指标核对,以保证账表相符。

2. 结账

结账是指在一定时期内所发生的全部经济业务登记入账的基础上,将各类账簿记录核算完毕,结出各种账簿本期发生额合计数和期末余额的一项会计核算工作,即结出每个账户的期末余额,结束该期账户记录。

(1)结账的主要内容包括:在结账前,应将当期所发生的经济业务全部登记入账,检查是否有重复记录、遗漏记录的经济业务,是否有记录错误,以便在结账前及时更正;在结账前,应及时调整需进行期末调整的账项,编制有关调整账项的会计分录,并据以登记入账;在结账前,应认真核对和及时清理往来账目,妥善处理应收、应付及暂收、暂付款项的清偿事宜,力争减少呆账和坏账损失的发生;在确认当期发生的经济业务、调整账项及有关转账业务已全部登记入账后,可办理结账手续。结计总分类账、现金日记账、银行存款日记账、明细分类账、明细账各账户的当期发生额、余额及累计额,并结转到下期账簿记录。

(2)结账方法。①月度结账(月结),即在每月终了时进行的结账。月结的方法:在最后一笔经济业务的记载下面画一条通栏红线,在红线下面的一行"摘要"栏内注明"本月合计"或"本期发生额及期末余额",在"借方""贷方""余额"三栏分别计算出本月借方发生额合计、贷方发生额合计和结余数,然后在此行下面再画一条通栏红线,表明本期结算完毕。②季度结账(季结),即每季终了时进行的结账。季结的方法:在每季度最后一个月的月度结账的下一行"摘要"栏注明"本季度累计""本季度发生额及余额",在"借方""贷方""余额"三栏分别计算出本季度三个月的借方、贷方发生额合计数及季末余额,然后在此行下面画一条红线,表示季度结账完毕。③年度结账(年结),即每年年末进行的结账。年度终了结账时,所有总账都应当结出全年发生额和年末余额。年度结账方法:在本年最后一个季度的结账下一行"摘要"栏注明"本年累计"或"本年发生额及年末余额",在"借方""贷方""余额"三栏,分别填入本年度借方发生额合计、贷方发生额合计、年末余额,然后在此行下面画两条通栏红线,表示全年经济业务的登账工作至此全部结束。

3. 更换账簿

年度终了须更换新的账簿。年度结账以后,将本年度账簿中的余额结转到下一会计年度对应的新账簿中去,然后将本年度的全部账簿整理归档。

结转账簿年度余额时,在本账簿中最后一笔记录(即本年累计)的下一行"摘要"栏注明"结转下年"字样,将计算出的年末余额记入与余额方向相反的"借方"(或贷方)栏内,在"余额"栏注明"0",在"借或贷"栏注明"平",至此本账簿年末余额结转完毕。

下一个会计年度对所有账簿进行重新开设。登记第一笔经济业务之前,应首先将本账簿的上年余额列示出来,即在新建的有关会计账簿的第一行填写"1月1日""上年结转",将上年结转的余额列入"余额"栏,并标明余额借贷方向,余额方向应同上一个会计年度本账簿的余额方向相同。

三、实训内容

(一)日记账的设置与登记

1. 现金日记账

三栏式现金日记账的基本格式包括"收入""支出"和"结余"三个栏目,分别用来登记库存现金每天的收入、支出和结存情况。

由出纳人员根据审核无误的现金收款凭证、现金付款凭证和银行存款付款凭证(从银行提取现金的业务),按经济业务发生的先后顺序,逐日逐笔进行登记。库存现金日记账示例如下:

库存现金日记账

2019年		凭证号数	对方科目	摘要	√	借方金额 千百十万千百十元角分	贷方金额 千百十万千百十元角分	结余金额 千百十万千百十元角分
月	日							
2	1			期初余额				5 0 0 0 0 0
	2	银付1	银行存款	提现		4 0 0 0 0 0		9 0 0 0 0 0
	3	现付1	管理费用	购办公用品			5 0 0 0	8 9 5 0 0 0
	10	银付2	银行存款	提现		1 1 6 0 0 0 0		2 0 5 5 0 0 0

2. 银行存款日记账

三栏式银行存款日记账的格式与三栏式现金日记账的格式基本相同,由出纳人员根据审核无误的银行存款收款凭证、银行存款付款凭证和现金付款凭证(将现金存入银行的业务),按经济业务发生时间的先后顺序,逐日逐笔进行登记。银行存款日记账示例如下:

银行存款日记账

年		凭证号数	结算凭证		摘要	√	借方金额										贷方金额										结余金额									
月	日		类	号码			千	百	十	万	千	百	十	元	角	分	千	百	十	万	千	百	十	元	角	分	千	百	十	万	千	百	十	元	角	分
2	1				期初余额																								2	2	2	0	0	0	0	0
	3	银收8	电汇		收到欠款					3	0	0	0	0	0	0													2	2	5	0	0	0	0	0
	7	银付9	转支		归还借款															1	0	0	0	0	0	0			2	1	5	0	0	0	0	0

（二）明细分类账的设置与登记

明细分类账简称明细账，是按二级科目（明细科目）开设的，分类、连续地记录和反映有关经济业务详细情况的账簿。为了详细反映经济业务活动，各单位应在设置总分类账的基础上设置明细分类账。明细账提供详细、具体的核算资料，是对总账的必要补充，也是编制会计报表的依据之一。

1. 三栏式明细分类账

三栏式明细分类账的账页只设有"借方""贷方""余额"三个金额栏，不设数量栏。它适用于那些只需要进行金额核算而不需要进行数量核算的账户，如"应收账款""应付账款""短期借款"等明细分类核算。应收账款明细账示例如下：

应收账款明细账

二级科目编号及名称：　东方公司　
级科目编号及名称：　　　　　　

2019年		凭证		摘要	借方金额	贷方金额	借或贷	结余金额
月	日	字	号		千百十万千百十元角分	千百十万千百十元角分		千百十万千百十元角分
9	1			期初余额			借	6 0 0 0 0 0 0
	5	转	3	赊销产品	2 0 0 0 0 0 0		借	8 0 0 0 0 0 0
	12	银收	2	收回货款		3 0 0 0 0 0 0	借	5 0 0 0 0 0 0
	15	银收	5	收回货款		2 0 0 0 0 0 0	借	3 0 0 0 0 0 0
	20	转	56	赊销产品	4 0 0 0 0 0 0		借	7 0 0 0 0 0 0
	30	转	78	赊销产品	2 0 0 0 0 0 0		借	9 0 0 0 0 0 0

2. 数量金额式明细分类账

数量金额式明细分类账的账页，在借方（"收入"栏）、贷方（"发出"栏）和余额（"结存"栏）三大栏内，再分设"数量""单价""金额"三小栏。

数量金额式明细账适用于既要进行金额明细核算，又要进行数量明细核算的财产物资项目，如"原材料""库存商品"等账户的明细核算。它能提供各种财产物资收入、发出、结存等的数量和金额等资料，便于满足开展业务和加强管理的需要。本书第46页为原材料明细账示例。

3. 多栏式明细分类账

（1）借方多栏式明细分类账

借方多栏式明细分类账是在账页的借方设置若干专栏，贷方不分设专栏的明细账。

（2）贷方多栏式明细分类账

贷方多栏式明细分类账是在账页的贷方设置若干专栏，借方不分设专栏的明细账。

（3）借方贷方多栏式明细分类账

借方贷方多栏式明细分类账是在账页的借方和贷方均分设若干专栏的明细账。

多栏式明细账多用于关于费用、成本、收入、成果类科目的明细核算，如"生产成本""管理费用""制造费用"等明细账。本书第47页为制造费用明细账示例。

4. 横行登记式明细账

横行登记式明细账是将前后密切相关的经济业务在同一横行内进行详细登记，以检查每笔经济业务发生和完成的情况，便于逐项控制的账簿。

原材料明细账

明细科目：羊绒毛线
类别：主要材料　品名：羊绒毛线　计量单位：千克

2019年		凭证号数	摘要	收入 数量	单价	金额	发出 数量	单价	金额	结存 数量	单价	金额
月	日											
9	1		期初结存							2 000	81	162 000.00 √
	3	转3	材料入库	5 000	80	400 000.00						
	10	转36	材料入库	8 000	78	624 000.00						
	28	转86	材料入库	4 000	80	320 000.00				19 000	79.26	1 506 000.00
	30	转97	领用材料				15 000	79.26	1 188 900.00	4 000	79.28	317 100.00

制造费用明细账

二级科目编号及名称：一车间
二级科目编号及名称：

2019年		凭证号数	摘要	材料	工资	折旧	修理费	水电费	办公费	合计
月	日									
9	1									
	30	转93	领用原材料	24000000						
	30	转95	分配工资		15000000					
	30	转96	分配折旧费			8000000				
	30	转96	分配修理费用				6200000			
	30	转98	分配其他费用					4800000	7600000	

（三）总分类账的设置与登记

企业设置总分类账户,应采用订本式,其账页格式应采用三栏式。总账由会计人员登记,其登记的依据取决于所采用的会计核算形式。采用记账凭证会计核算形式的,直接根据记账凭证登记;采用汇总记账凭证会计核算形式的,根据汇总记账凭证登记;采用科目汇总表会计核算形式的,根据科目汇总表登记。

四、强化训练

实训资料:假定江苏飞扬纺织有限公司8月1日"库存现金日记账"的余额为8 000元。当月发生如下与现金收付有关的交易或事项:

（1）5日支付购买材料运费150元(假定不考虑税金的处理)。（提示:借方科目为"在途物资"）

（2）7日公司工作人员张磊报销差旅费2 400元,出差前借款为2 000元,垫付部分400元已付给张磊本人。

（3）10日从银行提取现金15 000元,备发工资。

（4）12日用现金15 000元向员工发放工资。（提示:借方科目为"应付职工薪酬"）

（5）16日公司职员王雷报销差旅费2 250元,出差前借款为3 000元,剩余款750元交回财会部门。

（6）25日处理积压材料收入现金1 800元(假定不考虑税金的处理)。（提示:贷方科目为"其他业务收入"）

（7）30日将库存现金1 000元存入银行。

实训要求:

（1）根据资料填制专用记账凭证,并按五类编号法为记账凭证编号。

（2）根据编制的专用记账凭证逐笔登记"库存现金日记账",并结账。

任务五　银行存款余额调节表编制实训

一、实训目的

银行存款余额调节表用于核对企业账目与银行账目的差异,也用于检查企业与银行账目的差错。通过任务五的实训,理解四种未达账项,掌握银行存款余额调节表的编制方法。

二、实训主要知识点

为加强银行存款的管理,防止记账错误,掌握银行存款的实际数额,以便合理调度和使用银行存款,企业应按期与银行对账。企业的出纳员将本单位的银行存款日记账与开户银行转来的对账单逐笔进行核对,包括发生额和余额。核对中,如果发现企业和银行之间的记录不符,要及时查明原因加以调整。一般来说,造成二者不一致不外乎两方面的原因:一是企业或银行在登记账簿中由于种种原因发生了错误,如多记、少记、漏记或重记等,造成双方记录的不一致,此时应及时通知对方按规定予以更正。二是由于未达账项造成的。所谓未达账项,是指由于企业与银行之间对于同一项业务,由于取得凭证的时间不同,导致记账时间不一致,发生的一方已取得结算凭证并登记入账,而另一方由于未取得结算凭证而未入账的款项。

未达账项一般有以下四种情况:

(1) 企业已收款,银行未收款。这种情况多数是由于企业收到的转账支票已送存银行,并根据送款单回单、银行收账通知记银行存款的增加,而银行却因等待票据交换,尚未收妥入账所致。

(2) 企业已付款,银行未付款。这种情况多数是由于企业开出转账支票付款,并根据转账支票存根记银行存款的减少,而收款方未将支票及时送存银行,或者是由于票据交换原因造成的银行尚未记账。这种情况在公休假日更为明显。

(3) 银行已收款,企业未收款。这种情况主要是由于外地客户通过银行汇来或者承付的款项,银行当即收款入账,但是适逢月末或假日,企业尚未见到银行的收账通知,因而未能及时入账所致。

(4) 银行已付款,企业未付款。这种情况主要是由于有的单位通过委托收款方式向企业收取水、电、煤气等费用或银行收取贷款利息等,根据有关协议,此类款项无需企业承付,银行见单付款入账,而企业未能及时见到付款通知所致。

上述任何一种未达账项的存在,都会使企业银行存款日记账余额与银行转来的对账单的余额不符。因此,在与银行对账时,应首先查明有无未达账项,如果有未达账项,可编制"银行存款余额调节表",对未达账项进行调整后,再确定企业与银行双方记账是否一致,双方的账面余额是否相符。

银行存款余额调节表是在银行对账单余额与企业日记账余额的基础上,各自加上对方已收、本单位未收账项数额,减去对方已付、本单位未付账项数额,以调整双方余额使其一致的一种调节方法。

编制银行存款余额调节表的计算公式如下:

企业日记账存款余额+银行已收而企业未收账项-银行已付而企业未付账项=银行对账单余额+企业已收而银行未收账项-企业已付而银行未付账项

通过核对、调节,银行存款余额调节表上的双方余额相等,一般可以说明双方记账没有差错。如果经调节仍不相等,要么是未达账项未全部查出,要么是一方或双方记账出现差错,需要进一步采用对账方法查明原因加以更正。调节相等后的银行存款余额是当日可以动用的银行存款实有数。对于银行已经划账,而企业尚未入账的未达账项,要待银行结算凭证到达后才能据以入账,不能将银行存款余额调节表作为记账依据。银行存款余额调节表是一种对账记录工具,并不是凭证。

需要注意的是,在对银行存款的清查过程中,要特别注意长期存在的未达账项,这样的款项可能是错账,应对时间较长的未达账项进行分析,并查明原因。

三、实训内容

江苏飞扬纺织有限公司2019年3月31日与银行对账,3月1日到3月31日,企业银行存款日记账账面记录与银行出具的3月31日对账单资料及对账后勾对的情况如下。

(1) 企业日记账账面记录资料:

① 27日转支1246号付材料款30 000元,贷方记30 000.00   √

② 27日转支1247号付材料款59 360元,借方记59 360.00,经查为登记时方向记错,立即更正并调整账面余额。   调整后画√

③ 27日存入销货款43 546.09元,借方记43 546.09   √

④ 28日存入销货款36 920.29元,借方记36 920.29   √

⑤ 28日转支1248号上缴上月税金76 566.43元,贷方记76 566.43√

⑥ 29日存入销货款46 959.06元,借方记46 959.06   √

⑦ 29日取现备用20 000元,贷方记20 000.00   √

⑧ 30日转支1249号付材料款64 500元,贷方记64 500.00

⑨ 30日存入销货款40 067.75元,借方记40 067.75   √

⑩ 30日转支1250号付职工养老保险金29 100元,贷方记29 100.00   √

⑪ 31日存入销货款64 067.91元,借方记64 067.91

⑫ 31日转支1251号付汽车修理费4 500元,贷方记4 500.00

⑬ 3月31日,企业自查后日记账账面余额为506 000.52元

(2) 银行对账单记录资料:

① 28日转支1246号付出30 000元,借方记30 000.00   √

② 28日转支1247号付出59 360元,借方记59 360.00   √

③ 28日收入存款43 546.09元,贷方记43 546.09   √

④ 29日收入存款36 920.29元,贷方记36 920.29   √

⑤ 29日转支1248号付出76 566.43元,借方记76 566.43   √

⑥ 30日收入存款46 959.06元,贷方记46 959.06   √

⑦ 30日付出20 000元,借方记20 000.00   √

⑧ 30日代交电费12 210.24元,借方记12 210.24

⑨ 31日收存货款43 000元,贷方记43 000.00

⑩ 31日转支1250号付出29 100元,借方记29 100.00   √

⑪ 31日代付电话费5 099.32元,借方记5 099.32

⑫ 3月31日,银行对账单余额为536 623.05元

银行存款余额调节表的编制见下表(2019年3月31日)：

银行存款余额调节表

2019年3月31日

项目	金额	项目	金额
企业银行存款日记账余额	506 000.52	银行对账单余额	536 623.05
加:银行已收企业未收款	+43 000.00	加:企业已收银行未收款	+64 067.91
减:银行已付企业未付款	−12 210.24 −5 099.32	减:企业已付银行未付款	−4 500.00 −64 500.00
调节后存款余额	531 690.96	调节后存款余额	531 690.96

会计主管:×××　　　　　复核:×××　　　　　制表:×××

调节后，如果双方余额相等，一般可以认为双方记账没有差错。调节后双方余额仍然不相等时，原因还是两个，要么是未达账项未全部查出，要么是一方或双方账簿记录还有差错。无论是什么原因，都要进一步查清楚并加以更正，一定要到调节表中双方余额相等为止。

调节后的余额既不是企业银行存款日记账的余额，也不是银行对账单的余额，它是企业银行存款的真实数字，也是企业当日可以动用的银行存款的极大值。

四、强化训练

江苏飞扬纺织有限公司2019年4月30日银行存款日记账余额226 000元，银行对账单余额228 000元，经逐笔核对，发现有以下未达账项(双方具体的账面记录从略)：

(1) 在4月29日，企业开出转账支票预付某单位购货订金16 000元，银行账面无此记录。

(2) 同日，外地某单位汇来前欠货款10 000元，企业尚未见到银行收账通知，但银行已收账。

(3) 在4月30日，企业送存银行销货款转账支票1张，面额4 000元，银行账面无此记录。

(4) 同日，银行结算贷款利息20 000元，企业尚未见到利息结算清单。

要求：试根据查出的未达账项编制银行存款余额调节表。

银行存款余额调节表

2019年4月30日

项目	金额	项目	金额
企业银行存款日记账余额		银行对账单余额	
加:银行已收企业未收款		加:企业已收银行未收款	
减:银行已付企业未付款		减:企业已付银行未付款	
调节后存款余额		调节后存款余额	

会计主管:×××　　　　　复核:×××　　　　　制表:×××

任务六 会计报表编制实训

一、实训目的

会计报表主要用于向会计报表使用者提供真实、公允的会计信息。通过任务六的实训,掌握资产负债表和利润表主要项目的填制方法,能编制会计报表。

二、实训主要知识点

(一)资产负债表的编制

资产负债表是反映企业在某一特定日期财务状况的会计报表。

资产负债表是通过资产、负债和所有者权益这三个会计要素来反映企业某一特定日期的财务状况的,因此,资产负债表的基本结构就是以"资产=负债+所有者权益"这个会计平衡公式为基础展开的,采用左右平衡的账户式,左方反映资产项目,右方反映负债和所有者权益项目。这种结构清晰地反映了企业在生产经营活动中持有的各项经济资源及其同权益的对照关系。

资产负债表各项目均须填列"年初余额"和"期末余额"两栏。

(1)"年初余额"栏填列方法:

"年初余额"栏的各项数字应根据上年末资产负债表"期末余额"栏内所列数字填列。如果本年度资产负债表各项目的名称和内容与上年度不一致,应对上年年末资产负债表各项目的名称和数字按本年度的规定进行调整,填入本年"年初余额"栏。

(2)"期末余额"栏填列方法:

① 根据总账余额直接填列。如"交易性金融资产""短期借款""应付票据""应付职工薪酬"各总账科目的余额直接填列。

② 根据几个总账科目的期末余额计算填列。如"货币资金"项目,需根据"库存现金""银行存款""其他货币资金"三个总账科目的期末余额的合计数填列。

③ 根据明细账科目余额计算填列。"应收账款"项目,应根据"应收账款"和"预收账款"科目所属明细科目的期末借方余额合计数,减去"坏账准备"科目中有关应收账款计提的坏账准备余额后的金额填列;"预收款项"项目,应根据"应收账款"和"预收账款"科目所属的明细科目的期末贷方余额合计数填列;"预付款项"项目,应根据"应付账款"和"预付账款"科目所属的明细科目的期末借方余额合计数,减去"坏账准备"科目中有关预付账款计提的坏账准备余额后的金额填列;"应付账款"项目,应根据"应付账款"和"预付账款"科目所属的明细科目的期末贷方余额合计数填列。

④ 根据总账科目和明细账科目余额分析计算填列。如"长期借款"项目,需要根据"长期借款"总账科目余额扣除"长期借款"科目所属的明细科目中将在一年内到期的长期借款后的

金额计算填列。

⑤ 根据有关科目余额减去其备抵科目余额后的净额填列。如资产负债表中的"应收票据""应收账款""长期股权投资""在建工程"等项目，应当根据"应收票据""应收账款""长期股权投资""在建工程"等项目的期末余额减去"坏账准备""长期股权投资减值准备""在建工程减值准备"等科目余额后的净额填列；"固定资产"项目，应当根据"固定资产"科目的期末余额减去"累计折旧""固定资产减值准备"备抵科目余额后的净额填列；"无形资产"项目，应当根据"无形资产"科目的期末余额，减去"累计摊销""无形资产减值准备"备抵科目余额后的净额填列。

⑥ 综合运用上述填列方法分析填列。如资产负债表中的"存货"项目，需要根据"原材料""委托加工物资""周转材料""材料采购""在途物资""发出商品""材料成本差异"等总账科目期末余额的分析汇总数，再减去"存货跌价准备"科目余额后的净额填列。

（二）利润表的编制

利润表是反映企业一定期间生产经营成果的会计报表。利润是企业在一定时期内全部经营活动反映在财务上的最终结果，是衡量企业经营管理最重要的综合指标。营业利润、利润总额、净利润是利润的几个主要层次。利润表的格式主要有单步式利润表和多步式利润表两种。我国会计准则规定利润表采用多步式格式。

多步式利润表包括三个层次：

(1) 营业利润。营业利润是企业利润的主要来源。用公式表示为：

营业利润＝营业收入－营业成本－税金及附加－销售费用－管理费用－研发费用－财务费用－资产减值损失－信用减值损失＋公允价值变动收益＋投资收益＋资产处置收益＋其他收益＋净敞口套期收益

其中，营业收入包括主营业务收入和其他业务收入，营业成本包括主营业务成本和其他业务成本。

(2) 利润总额。利润总额是由营业利润再加减非经营性质的收支而形成的。用公式表示为：

利润总额＝营业利润＋营业外收入－营业外支出

营业外收入根据"营业外收入"科目的发生额分析填列，主要包括债务重组利得、与企业日常经营活动无关的政府补助、盘盈利得、捐赠利得等。营业外支出根据"营业外支出"科目的发生额分析填列，主要包括债务重组损失、公益性捐赠支出、非常损失、盘亏损失、非流动资产损毁报废损失等。

(3) 净利润。净利润为利润总额减去所得税费用后的净额。其计算公式为：

净利润＝利润总额－所得税费用

(4) 综合收益总额。综合收益总额为净利润加上其他综合收益的税后净额。其计算公式为：

综合收益总额＝净利润＋其他综合收益的税后净额

三、实训内容

例1：

（一）资料：

(1) 江苏飞扬纺织有限公司2019年12月初总分类账户余额如下表（单位：元）所示：

账户名称	借方余额	账户名称	贷方余额
库存现金	4 800	累计折旧	77 935
银行存款	121 594	短期借款	200 000
应收账款	29 250	应付账款	10 000
原材料	26 300	实收资本	500 000
库存商品	97 416	盈余公积	20 000
生产成本	14 920	本年利润	236 345
固定资产	750 000		
合计	1 044 280	合计	1 044 280

(2) 江苏飞扬纺织有限公司2019年12月发生一系列经济业务活动后，2019年12月31日各总分类账账户余额如下表（单位：元）所示：

账户名称	借方余额	账户名称	贷方余额
库存现金	1 410	累计折旧	82 735
银行存款	501 674	短期借款	250 000
应收账款	29 250	应付账款	10 000
原材料	52 200	应交税费	11 315
库存商品	97 856	应付职工薪酬	7 000
生产成本	12 780	其他应付款	300
固定资产	1 000 000	应付利息	250
无形资产	80 000	应付股利	132 085
其他应收款	600	实收资本	1 130 000
		盈余公积	46 417
		本年利润	105 668
合计	1 775 770	合计	1 775 770

(二) 要求:根据以上资料编制江苏飞扬纺织有限公司2019年12月31日的资产负债表。

解析:按照资产负债表编制要求,根据上述资料编制江苏飞扬纺织有限公司2019年12月31日资产负债表如下表所示:

资产负债表

会企01表

编制单位:江苏飞扬纺织有限公司　　　　2019年12月31日　　　　单位:元

资　　产	期末余额	年初余额	负债和所有者权益(或股东权益)	期末余额	年初余额
流动资产:		(略)	流动负债:		(略)
货币资金	503 084		短期借款	250 000	
交易性金融资产			交易性金融负债		
衍生金融资产			衍生金融负债		
应收票据			应付票据		
应收账款	29 250		应付账款	10 000	
应收款项融资			预收款项		
预付款项			合同负债		
其他应收款	600		应付职工薪酬	7 000	
存货	162 836		应交税费	11 315	
合同资产			其他应付款	132 635	
持有待售资产			持有待售负债		
一年内到期的非流动资产			一年内到期的非流动负债		
其他流动资产			其他流动负债		
流动资产合计	695 770		流动负债合计	410 950	
非流动资产:			非流动负债:		
债权投资			长期借款		
其他债权投资			应付债券		
长期应收款			其中:优先股		
长期股权投资			永续债		
其他权益工具投资			租赁负债		
其他非流动金融资产			长期应付款		
投资性房地产			预计负债		
固定资产	917 265		递延收益		
在建工程			递延所得税负债		
生产性生物资产			其他非流动负债		

续表

资产	期末余额	年初余额	负债和所有者权益(或股东权益)	期末余额	年初余额
油气资产			非流动负债合计		
无形资产			负债合计	410 950	
开发支出	80 000		所有者权益(或股东权益):		
商誉			实收资本(或股本)	1 130 000	
长期待摊费用			其他权益工具		
递延所得税资产			其中:优先股		
其他非流动资产			永续债		
非流动资产合计	997 265		资本公积		
			减:库存股		
			其他综合收益		
			专项储备		
			盈余公积	46 417	
			未分配利润	105 668	
			所有者权益(或股东权益)合计	1 282 085	
资产总计	1 693 035		负债和所有者权益(或股东权益)总计	1 693 035	

例2：

（一）资料：江苏飞扬纺织有限公司2019年12月各损益类账户累计发生额如下表(单位：元)所示：

项目	借方发生额	贷方发生额
主营业务收入		533 000.00
其他业务收入		
营业外收入		
主营业务成本	303 250.00	
其他业务成本		
税金及附加	2 000.00	
销售费用	2 000.00	
管理费用	5 000.00	
财务费用	3 000.00	
营业外支出		
所得税费用	54 437.50	

（二）要求：根据以上资料编制江苏飞扬纺织有限公司2019年12月31日的利润表。

解析：按照利润表编制要求，根据上述资料编制江苏飞扬纺织有限公司2019年12月利润表如下表所示：

利润表

会企02表

编制单位：江苏飞扬纺织有限公司　　　2019年12月　　　单位：元

项目	本期金额	上期金额（略）
一、营业收入	533 000.00	
减：营业成本	303 250.00	
税金及附加	2 000.00	
销售费用	2 000.00	
管理费用	5 000.00	
研发费用		
财务费用	3 000.00	
其中：利息费用	3 000.00	
利息收入		
加：其他收益		
投资收益（损失以"—"号填列）		
其中：对联营企业和合营企业的投资收益		
净敞口套期收益（损失以"—"号填列）		
公允价值变动收益（损失以"—"号填列）		
资产减值损失（损失以"—"号填列）		
信用减值损失（损失以"—"号填列）		
资产处置收益（损失以"—"号填列）		
二、营业利润（亏损以"—"号填列）	217 750.00	
加：营业外收入		
减：营业外支出		
三、利润总额（亏损总额以"—"号填列）	217 750.00	
减：所得税费用	54 437.50	
四、净利润（净亏损以"—"号填列）	163 312.50	
（一）持续经营净利润（净亏损以"—"号填列）		
（二）终止经营净利润（净亏损以"—"号填列）		
五、其他综合收益的税后净额		
（一）不能重分类进损益的其他综合收益		

续表

项目	本期金额	上期金额
1. 重新计量设定受益计划变动额		
2. 权益法下不能转损益的其他综合收益		
3. 其他权益工具投资公允价值变动		
4. 企业自身信用风险公允价值变动		
……		
（二）将重分类进损益的其他综合收益		
1. 权益法下可转损益的其他综合收益		
2. 其他债权投资公允价值变动		
3. 金融资产重分类计入其他综合收益的金额		
4. 其他债权投资信用减值准备		
5. 现金流量套期储备		
6. 外币会计报表折算差额		
……		
六、综合收益总额	163 312.50	
七、每股收益		
（一）基本每股收益		
（二）稀释每股收益		

四、强化训练

1. 资产负债表的编制训练

江苏飞扬纺织有限公司2019年12月31日有关账户余额如下表（单位：元）：

账户名称	金额	账户名称	金额
库存现金	1 500	短期借款	76 000
银行存款	86 252	应付账款	37 350
应收账款	31 900	其他应付款	5 180
其他应收款	300	应付职工薪酬	27 550
原材料	176 570	实收资本	491 500
库存商品	16 270	盈余公积	25 000
生产成本	30 182	本年利润	36 000
长期投资	60 000	应交税费	8 290

续表

账户名称	金额	账户名称	金额
固定资产	500 000	应付股利	12 364
无形资产	15 000	长期借款	50 000
利润分配	32 760	累积折旧	181 500
合计	950 734	合计	950 734

"应收账款"明细账户余额：甲厂　41 900 元（借）

乙厂　10 000 元（贷）

"应付账款"明细账户余额：丙厂　54 350 元（贷）

丁厂　17 000 元（借）

要求：根据上述资料编制 2019 年 12 月末资产负债表。

资产负债表

会企 01 表

编制单位：___年___月___日　　　　　　　　单位：元

资　　产	期末余额	年初余额	负债和所有者权益（或股东权益）	期末余额	年初余额
流动资产：			流动负债：		
货币资金			短期借款		
交易性金融资产			交易性金融负债		
衍生金融资产			衍生金融负债		
应收票据			应付票据		
应收账款			应付账款		
应收款项融资			预收款项		
预付款项			合同负债		
其他应收款			应付职工薪酬		
存货			应交税费		
合同资产			其他应付款		
持有待售资产			持有待售负债		
一年内到期的非流动资产			一年内到期的非流动负债		
其他流动资产			其他流动负债		
流动资产合计			流动负债合计		
非流动资产：			非流动负债：		
债权投资			长期借款		
其他债权投资			应付债券		

续表

资　产	期末余额	年初余额	负债和所有者权益(或股东权益)	期末余额	年初余额
长期应收款			其中:优先股		
长期股权投资			永续债		
其他权益工具投资			租赁负债		
其他非流动金融资产			长期应付款		
投资性房地产			预计负债		
固定资产			递延收益		
在建工程			递延所得税负债		
生产性生物资产			其他非流动负债		
油气资产			非流动负债合计		
无形资产			负债合计		
开发支出			所有者权益(或股东权益):		
商誉			实收资本(或股本)		
长期待摊费用			其他权益工具		
递延所得税资产			其中:优先股		
其他非流动资产			永续债		
非流动资产合计			资本公积		
			减:库存股		
			其他综合收益		
			专项储备		
			盈余公积		
			未分配利润		
			所有者权益(或股东权益)合计		
资产总计			负债和所有者权益(或股东权益)总计		

2. 利润表的编制训练

江苏飞扬纺织有限公司 2019 年度有关损益类科目发生额如下表(单位:元)所示,要求编制该企业的利润表。

项 目	借方发生额	贷方发生额
主营业务收入		800 000.00
其他业务收入		40 000.00
营业外收入		2 000.00
主营业务成本	460 000.00	
其他业务成本	25 000.00	
税金及附加	24 000.00	
销售费用	35 000.00	
管理费用	50 000.00	
财务费用	15 000.00	
投资收益		15 000.00
营业外支出	8 000.00	
所得税费用	60 000.00	

要求:根据上述资料编制2019年度利润表。

利润表

会企02表

编制单位: ___年_月 单位:元

项 目	本期金额	上期金额
一、营业收入		
减:营业成本		
税金及附加		
销售费用		
管理费用		
研发费用		
财务费用		
其中:利息费用		
利息收入		
加:其他收益		
投资收益(损失以"—"号填列)		
其中:对联营企业和合营企业的投资收益		
净敞口套期收益(损失以"—"号填列)		

续表

项　　目	本期金额	上期金额
公允价值变动收益（损失以"—"号填列）		
资产减值损失（损失以"—"号填列）		
信用减值损失（损失以"—"号填列）		
资产处置收益（损失以"—"号填列）		
二、营业利润（亏损以"—"号填列）		
加：营业外收入		
减：营业外支出		
三、利润总额（亏损总额以"—"号填列）		
减：所得税费用		
四、净利润（净亏损以"—"号填列）		
（一）持续经营净利润（净亏损以"—"号填列）		
（二）终止经营净利润（净亏损以"—"号填列）		
五、其他综合收益的税后净额		
（一）不能重分类进损益的其他综合收益		
1. 重新计量设定受益计划变动额		
2. 权益法下不能转损益的其他综合收益		
3. 其他权益工具投资公允价值变动		
4. 企业自身信用风险公允价值变动		
……		
（二）将重分类进损益的其他综合收益		
1. 权益法下可转损益的其他综合收益		
2. 其他债权投资公允价值变动		
3. 金融资产重分类计入其他综合收益的金额		
4. 其他债权投资信用减值准备		
5. 现金流量套期储备		
6. 外币会计报表折算差额		
……		
六、综合收益总额		
七、每股收益		
（一）基本每股收益		
（二）稀释每股收益		

项目四　会计综合实训

一、实习企业概况

企业名称:江苏飞扬纺织有限公司
地址、电话:南京市中山南路68号　87654321
开户银行及账号:工商银行南京城南支行　66012233
纳税人登记号:320106526050646
注册资本:贰佰伍拾万元整
企业类型:有限责任公司
法人代表:李林辉
经营范围:纺织产品的制造、销售
财务主管:张平

二、会计核算要求

(1) 该企业经济业务较简单,采用科目汇总表账务处理程序进行财务处理,如下图所示。

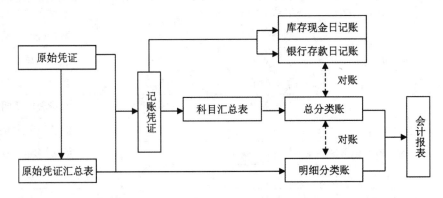

(2) 存货核算采用实际成本计价法,按先进先出法确定发出存货成本。
(3) 固定资产折旧采用年限平均法按月计提折旧。
(4) 银行借款利息按月计算计提。
(5) 该企业为一般纳税人,增值税税率为13%,企业所得税税率为25%,城市维护建设税税率为7%,教育费附加费率为3%。

（6）制造费用设材料费、薪酬费、折旧费、水电费、办公费、其他等明细科目；销售费用设广告费、薪酬费、折旧费、差旅费、水电费、办公费、其他等明细科目；管理费用设材料费、薪酬费、折旧费、修理费、水电费、办公费、其他等明细科目；财务费用设利息费用、手续费、汇兑损益、其他等明细科目。

三、建账资料

（一）江苏飞扬纺织有限公司2020年1月初总账建账资料如下：

江苏飞扬纺织有限公司账户表

序号	总账科目	明细科目	借方余额（元）	账页格式
1	库存现金		8 103	总账/日记账
2	银行存款		326 353	总账/日记账
3	应收票据		210 600	总账
		丰源公司	210 600	三栏式明细账
4	应收账款		350 000	总账
		丰源公司	0	三栏式明细账
		海宁公司	0	三栏式明细账
		远大公司	350 000	三栏式明细账
5	其他应收款		0	总账
6	在途物资		0	总账
7	原材料		46 800	总账
		羊绒毛线		数量金额式明细账
		混纺毛线		数量金额式明细账
		润滑油		数量金额式明细账
8	库存商品		367 920	总账
		羊绒围巾	218 500	数量金额式明细账
		混纺围巾	149 420	数量金额式明细账
9	生产成本		122 040	总账/多栏式明细账
10	制造费用			总账/多栏式明细账
11	固定资产		3 130 000	总账
12	待处理财产损益			总账
序号	总账科目	明细科目	贷方余额（元）	账页格式
13	累计折旧		413 000	总账

续表

序号	总账科目	明细科目	贷方余额（元）	账页格式
14	短期借款		500 000	总账
15	应付账款		351 000	总账
		锦明公司	351 000	三栏式明细账
16	应付职工薪酬		228 200	总账
17	应交税费		60 000	总账
		应交增值税		多栏式明细账
		应交企业所得税		三栏式明细账
18	应付利息			总账
19	实收资本		2 500 000	总账
20	资本公积		100 000	总账
21	盈余公积		159 000	总账
22	本年利润			总账
23	利润分配		250 616	总账
24	主营业务收入			总账
		羊绒围巾		三栏式明细账
		混纺围巾		三栏式明细账
25	其他业务收入			总账
26	主营业务成本			总账
		羊绒围巾		三栏式明细账
		混纺围巾		三栏式明细账
27	其他业务成本			总账
28	税金及附加			总账
29	销售费用			总账/多栏式明细账
30	管理费用			总账/多栏式明细账
31	财务费用			总账/多栏式明细账
32	营业外支出			总账
33	所得税费用			总账
34	本年利润			总账

(二)部分明细分类账户余额如下：

"原材料"明细账户余额

材料类别及名称		数量	单价(元)	金额(元)
主要材料	羊绒毛线(千克)	50	210	10 500
	混纺毛线(千克)	300	100	30 000
辅助材料	润滑油(桶)	3	2 100	6 300
合计				46 800

"库存商品"明细账户余额

产品名称	数量(条)	单价(元)	金额(元)
羊绒围巾	2 300	95.00	218 500
混纺围巾	3 100	48.20	149 420
合计			367 920

"生产成本"明细账户余额(单位:元)

产品名称	直接材料	直接人工	制造费用	合计
羊绒围巾	95 000	22 000	5 040	122 040
混纺围巾	0	0	0	0

(三)2020年4月发生的经济业务：

(1) 2日,签发转账支票一张,偿还前欠锦明纺织有限公司货款70 200元。

中国工商银行 转账支票存根 No:202001	本支票付款期限十天	中国工商银行转账支票　　No:202001
出票日期　年　月　日 收款人： 金额： 用途： 单位主管　　会计		出票日期(大写)　年　月　日　　付款行名称： 收款人：　　　　　　　　　　　出票人账号： 人民币　　千百十万千百十元角分 (大写) 用途_____ 上列款项请从　　　　　□□□□□□□□□□□ 我账户内支付 出票人签章　　　　　　　复核　　　　记账

(2) 2日,向银行借入流动资金借款800 000元,期限6个月,年利率为5.4%,到期一次还本付息。收到开户银行的收账通知。

借款凭证

借款单位名称	江苏飞扬纺织有限公司	贷款户账号	85035721										
		存款户账号	66012233										
借款金额	人民币(大写)捌拾万元整		亿	千	百	十	万	千	百	十	元	角	分
				¥	8	0	0	0	0	0	0	0	0
借款用途	流动资金　借款	约定偿还日期	2020年10月2日										
上述借款已核发并已转入你单位账号 （银行盖章）　2020年4月2日		备注											

(3) 3日,向锦明纺织有限公司购买混纺毛线1 000千克,单价100元/千克,货款100 000元,增值税税率13%,税款13 000元。货款未付,材料尚未运到。

上海增值税专用发票

发票联

No. 00001121

开票日期:2020年4月3日

购货单位	名　　　称:江苏飞扬纺织有限公司 纳税人识别号:320106526050646 地　址、电话:南京市中山南路68号 87654321 开户行及账号:工商银行南京城南支行 66012233		密码区	（略）			第二联:发票联 购货方记账凭证
货物或应税劳务名称	规格型号	单位	数量	单价	金额	税率	税额
混纺毛线		千克	1 000	100	100 000.00	13%	13 000.00
合　　计					¥100 000.00		¥13 000.00
价税合计(大写)	⊗壹拾壹万叁仟元整			(小写)¥113 000.00			
销货单位	名　　　称:锦明纺织有限公司 纳税人识别号:310102100123655 地　址、电话:上海市平凉路921号 52353752 开户行及账号:工商银行平凉支行 65201653		备注				

收款人:　　　　　复核:　　　　　开票人:李梅　　　　销货单位:(章)

(4) 3日,从银行提取现金2 000元备用。

中国工商银行 现金支票存根 No:202051	中国工商银行现金支票 No:202051												
	出票日期(大写)　　年　　月　　日				付款行名称:								
	收款人:				出票人账号:								
出票日期　年　月　日	人民币 (大写)	千	百	十	万	千	百	十	元	角	分		
收款人:	用途												
金额:	上列款项请从												
用途:	我账户内支付												
单位主管　　会计	出票人签章　　　　　　复核　　　　　记账												

(5) 6日,向锦明纺织有限公司购买的混纺毛线到达企业,验收入库。

收 料 单

供货单位:　　　　　　　　　　　　　　　　　　　　　　　　　　　　　No. 0803
发票号码:　　　　　　　　　　年　月　日　　　　　　　　　　　　　材料仓库

名称及规格	计量单位	数量		金额(元)	
		应收	实收	单价	金额
备注				合计	

质检:　　　　　　主管:　　　　　　　收料:　　　　　　　采购:

(6) 6日,缴纳上月应交所得税 60 000 元。

中华人民共和国
税收通用缴款书

隶属关系:市属　　　　　　　　　　　　　　　　　　　　　　　苏国缴电 No.01237
注册类型:　　　　　　填发日期:2020 年 4 月 6 日　　　　　　征收机关:市国税局

缴款单位	代　码	12010593	预算科目	编码	
	全　称	江苏飞扬纺织有限公司		名称	企业所得税
	开户银行	工商银行南京城南支行		级次	市级
	账　号	66012233	收款国库		市金库
税款所属时间		2020 年 3 月 1 日至 31 日	税款限缴时间		年　月　日
品目名称		课税数量	计税金额或销售收入	税率或单位税额	已缴或扣除数	实缴金额
企业所得税			240 000	25%		60 000
金额合计		(大写)人民币陆万元整　　　￥60 000.00				
缴款单位(人)(盖章)经办人(章)		税务机关(盖章)填票人(章)	上列款项已收妥并划转收款单位账户国库(银行)盖章		备注	正常申报

逾期不缴按税法规定加收滞纳金

(7) 6日,向华通纺织有限公司购买羊绒毛线 3 000 千克,单价 209.90 元/千克,货款 629 700 元,增值税税率 13%,税款 81 861 元;另发生运费 300 元,增值税税率 9%,税款 27 元。开出一张金额为 711 888 元的转账支票支付货款。材料已到并验收入库。

浙江增值税专用发票

发票联

No. 00002123
开票日期:2020 年 4 月 6 日

购货单位	名　　　称:江苏飞扬纺织有限公司 纳税人识别号:320106526050646 地　址、电话:南京市中山南路 68 号 87654321 开户行及账号:工商银行南京城南支行 66012233	密码区	（略）

货物或应税劳务名称	规格型号	单位	数量	单价	金额	税率	税额
羊绒毛线		千克	3 000	209.90	629 700.00	13%	81 861.00
合　计					￥629 700.00		￥81 861.00

价税合计(大写)	⊗柒拾壹万壹仟伍佰陆拾壹元整	(小写)￥711 561.00

销货单位	名　　　称:华通纺织有限公司 纳税人识别号:330102100123655 地　址、电话:杭州市文一路 68 号 88497056 开户行及账号:工商银行高新支行 53178321	备注	

收款人:　　　　复核:　　　　开票人:王辉　　　　销货单位:(章)

浙江增值税专用发票

发票联

No. 00002126
开票日期:2020 年 4 月 6 日

购货单位	名　　　称:江苏飞扬纺织有限公司 纳税人识别号:320106526050646 地　址、电话:南京市中山南路 68 号 87654321 开户行及账号:工商银行南京城南支行 66012233	密码区	（略）

货物或应税劳务名称	规格型号	单位	数量	单价	金额	税率	税额
运输劳务		千克	1	300.00	300.00	9%	27.00
合　计					￥300.00		￥27.00

价税合计(大写)	⊗叁佰贰拾柒元整	(小写)￥327.00

销货单位	名　　　称:远通运输有限公司 纳税人识别号:233102600126357 地　址、电话:杭州市文一路 60 号 88495033 开户行及账号:工商银行高新支行 53134362	备注	

收款人:　　　　复核:　　　　开票人:李贵　　　　销货单位:(章)

中国工商银行 转账支票存根 No:121202	中国工商银行转账支票 No:121202		
	出票日期(大写)　年　月　日	付款行名称：	
出票日期　年　月　日	收款人：	出票人账号：	
收款人：	人民币 (大写)	千百十万千百十元角分	
金额：			
用途：	用途_____		
单位主管　　会计	上列款项请从 我账户内支付 出票人签章	复核	记账

（本支票付款期限十天）

收 料 单

供货单位：　　　　　　　　　　　　　　　　　　　　　　　　　　　　　　No.0804
发票号码：　　　　　　　　　　　年　月　日　　　　　　　　　　　　　材料仓库

名称及规格	计量单位	数量		金额	
		应收	实收	单价	金额
备注				合计	

质检：　　　　　主管：　　　　　收料：　　　　　采购：

（8）6日，产品羊绒围巾生产领用羊绒毛线1 200千克，单位成本210元/千克。领料人为张涛。

领 料 单

领料部门：　　　　　　　　　　　　　　　　　　　　　　　　　　　　　　No.1101
用　途：　　　　　　　　　　　　年　月　日　　　　　　　　　　　　　材料仓库

材料规格 及名称	计量单位	数量		价格	
		请领	实领	单价	金额
备注				合计	

记账：　　　　　发料：　　　　　审批：　　　　　领料：

(9) 7日,采购员李明出差预借差旅费2 000元,以现金支付。

借 款 单

借款单位(姓名):			
借款事由:			
借款金额:人民币(大写)			
备注			
单位负责人:	出纳:	借款人:	

(10) 7日,产品混纺围巾生产领用混纺毛线800千克,单位成本100元/千克。领料人为李平。

领 料 单

领料部门: No.1102
用 途: 年   月   日   材料仓库

材料规格及名称	计量单位	数量		价格	
		请领	实领	单价	金额
备注				合计	
记账:	发料:		审批:		领料:

(11) 9日,收到远大公司转账支票一张,金额为350 000元,偿还前欠货款。

中国工商银行进账单(收账通知)

2020年4月9日

付款人	全称	远大公司	收款人	全称	
	账号	20532308		账号	
	开户银行	工商银行海汇支行		开户银行	
人民币(大写)				千百十万千百十元角分	
票据种类		转账支票			
票据张数		1张			
票据号码		(略)			
单位主管 会计 复核 记账				收款人开户行盖章	

此联是银行交给收款人的收账通知

收 款 收 据

2020年4月9日　　　　　　　　　　　　　　　　第 006 号

交款单位或交款人	远大公司	收款方式	转账支票
事由　收回欠款			备注
人民币（大写）		￥	

单位印章：　　　审核：　　　经办：　　　出纳：

第三联　记账联

（12）10日，以现金支付行政管理部门办公用品费800元。

江苏飞扬纺织有限公司现金支出凭单

年　　月　　日

领款人：	
付款用途：	
金额：（大写）	￥

财务主管：　　　审批：　　　出纳：　　　经办人：

江苏省国家税务局通用机打发票

发票联

发票代码 232001206111
发票号码 15299216

开票日期：2020年4月10日　　　行业分类：商业

购货单位名称：江苏飞扬纺织有限公司

品名	规格型号	计量单位	数量	单价	金额
复印纸	A4	本	40	20.00	800.00

金额合计（大写）捌佰元整　　　　　　　　　￥:800.00
备注：

收款单位名称：苏果超市有限公司　　　开票人：王萍

(13) 10日,李明报销差旅费1 700元,余款300元退回。

差旅费报销单

报销日期:2020年4月10日

部门	采购部	出差人		李明		出差事由		洽谈业务		
起止时间及地点					车船费	住宿费	住勤补助	其他费用		
月	日	起点	月	日	终点				项目	金额
1	8	南京	1	8	苏州	100	900	600		
1	11	苏州	1	11	南京	100				
合计						200	900	600		
报销总额	(人民币大写)壹仟柒佰元整 (小写)¥1 700.00					预支差旅费	4月7日		补领	
							2 000元		退回 300元	

主管: 审核: 报销人:李明

(14) 13日,产品羊绒围巾生产领用羊绒毛线1 100千克,单位成本210元/千克。领料人为张涛。

领 料 单

领料部门: No.1103

用　　途: 年　月　日   材料仓库

材料规格及名称	计量单位	数量		价格	
		请领	实领	单价	金额
备注				合计	

记账: 发料: 审批: 领料:

(15)13日,销售给丰源公司羊绒围巾3 000条,单价190元/条,价款570 000元,增值税74 100元;混纺围巾2 000条,单价90元/条,价款180 000元,增值税23 400元;款项尚未收到。

江苏增值税专用发票

此联不作报销、扣税凭证使用

No. 00002113
开票日期:2020年4月13日

购货单位	名称:丰源公司 纳税人识别号:320103536020428 地址、电话:南京市宁溧路200号 52330537 开户行及账号:工商银行宁南支行 52413081		密码区	(略)			
货物或应税劳务名称	规格型号	单位	数量	单价	金额	税率	税额
羊绒围巾		条	3 000	190	570 000.00	13%	74 100.00
混纺围巾		条	2 000	90	180 000.00	13%	23 400.00
合计					¥750 000.00		¥97 500.00
价税合计(大写)	⊗捌拾肆万柒仟伍佰元整			(小写)¥847 500.00			
销货单位	名称:江苏飞扬纺织有限公司 纳税人识别号:320106526050646 地址、电话:南京市中山南路68号 87654321 开户行及账号:工商银行南京城南支行		备注				

收款人:　　　　复核:　　　　开票人:江帆

第一联:记账联 销货方记账凭证

产成品出库单

购货单位:　　　　　　　　　　　　　　　　　　　　　　　　　　　No.1025
用途:　　　　　　　　　年　　月　　日　　　　　　　　　　　　产品仓库

产品名称及规格	计量单位	数量	单价	金额

保管员:　　　　　会计:　　　　　　　主管:

(16) 13日,产品混纺围巾生产领用混纺毛线400千克,单位成本100元/千克。领料人为李平。

领 料 单

领料部门：　　　　　　　　　　　　　　　　　　　　　　　　　　　　No.1104
用　途：　　　　　　　　年　月　日　　　　　　　　　　　　　　　材料仓库

材料规格及名称	计量单位	数量		价格	
		请领	实领	单价	金额
备注				合计	

记账：　　　　　发料：　　　　　审批：　　　　　领料：

(17) 15日,生产车间领用润滑油2桶,润滑油2 100元/桶。领料人为赵刚。

领 料 单

领料部门：　　　　　　　　　　　　　　　　　　　　　　　　　　　　No.1105
用　途：　　　　　　　　年　月　日　　　　　　　　　　　　　　　材料仓库

材料规格及名称	计量单位	数量		价格	
		请领	实领	单价	金额
备注				合计	

记账：　　　　　发料：　　　　　审批：　　　　　领料：

(18) 16日，向中国青少年发展基金会捐款50 000元，签发转账支票支付。

公益事业捐赠统一票据

2020年4月16日　　　　　　　　　　　　　No.1100103375

捐赠人：江苏飞扬纺织有限公司

捐赠项目	实物(外币)种类	数量	金额
希望工程学生资助款	人民币		50 000.00
金额合计(小写)			¥50 000.00
金额合计(大写)伍万元整			

第二联　收据

接收单位(盖章)：　　　　　　复核人：　　　　　　开票人：张锋

中国工商银行转账支票存根
No:121203

出票日期　年　月　日
收款人：
金额：
用途：
单位主管　　　会计

中国工商银行转账支票　　No:121203

出票日期(大写)　年　月　日　　付款行名称：
收款人：中国青少年发展基金会　　出票人账号：

人民币(大写)　　千百十万千百十元角分

用途_____
上列款项请从我账户内支付
出票人签章　　　　复核　　　记账

本支票付款期限十天

---

(19) 17日，以现金支付招待客户就餐费600元。

江苏省国家税务局通用机打发票

发票联

发票代码：232011106522
发票号码：05987223
机打号码：05987223
客户名称：江苏飞扬纺织有限公司
开票日期：2020-4-17　　开票人：马永南
机器编号：001080123129
收款方识别号：320114332260356
收款方名称：悦来餐饮管理有限公司

开票项目	单价	数量	金额
餐饮	600.00	1	600.00

合计(小写)：¥600.00
合计(大写)：陆佰元整
税控码：3552 6162 2612 2386 9103

(20) 20日,根据工资汇总表,签发转账支票发放工资228 200元。

中国工商银行 现金支票存根 No:121302	中国工商银行现金支票 No:121302
出票日期　年　月　日 收款人： 金额： 用途： 单位主管　　会计	出票日期(大写)　年　月　日　付款行名称： 收款人：　　　　　　　　　　　出票人账号： 人民币（大写）　千百十万千百十元角分 用途： 上列款项请从我账户内支付 出票人签章　　　　　复核　　　记账

工资结算汇总表(简表)

部门	职工类别	应付工资(元)
生产车间	羊绒围巾生产工人	110 000
	混纺围巾生产工人	55 000
	车间管理人员	17 200
管理部门	管理人员	46 000
合计		228 200

审核：　　　　　　　制表：

(21) 20日销售给远大公司羊绒围巾2 000条,单价190元/条,价款380 000元,增值税49 400元;混纺围巾3 500条,单价90元/条,价款315 000元,增值税40 950元;款项已收存银行。

江苏增值税专用发票
此联不作报销、扣税凭证使用

No. 00002114
开票日期:2020年4月20日

购货单位	名　　　称：远大公司 纳税人识别号：340103536020428 地　址、电　话：合肥市明光路6号 4463752 开户行及账号：工商银行海汇支行 20532308	密码区	(略)

货物或应税劳务名称	规格型号	单位	数量	单价	金额	税率	税额
羊绒围巾		条	2 000	190	380 000.00	13%	49 400.00
混纺围巾		条	3 500	90	315 000.00	13%	40 950.00
合计					￥695 000.00		￥90 350.00

价税合计(大写)	⊗柒拾捌万伍仟叁佰伍拾元整	(小写)￥785 350.00

销货单位	名　　　称：江苏飞扬纺织有限公司 纳税人识别号：320106526050646 地　址、电　话：南京市中山南路68号 87654321 开户行及账号：工商银行南京城南支行 66012233	备注	

收款人：　　　复核：　　　开票人：江帆　　　销货单位：(章)

第一联：记账联　销货方记账凭证

中国工商银行进账单（收账通知）
年　月　日

付款人	全称		收款人	全称										
	账号			账号										
	开户银行			开户银行										
人民币（大写）					千	百	十	万	千	百	十	元	角	分
票据种类	转账支票													
票据张数	1张													
票据号码	（略）			收款人开户行盖章										
单位主管　会计　复核　记账														

此联是银行交给收款人的收账通知

产成品出库单

购货单位：　　　　　　　　　　　　　　　　　　　　　No. 1026
用途：　　　　　　　年　月　日　　　　　　　　　　产品仓库

产品名称及规格	计量单位	数量	单价	金额

保管员：　　　　　会计：　　　　　主管：

（22）21日，购入电脑两台，买价12 000元，增值税1 560元，款项已付。

江苏增值税专用发票
发票联

No. 00001825
开票日期：2020年4月21日

购货单位	名　　称	江苏飞扬纺织有限公司	密码区	（略）
	纳税人识别号	320106526050646		
	地址、电话	南京市中山南路68号 87654321		
	开户行及账号	工商银行南京城南支行 66012233		

货物或应税劳务名称	规格型号	单位	数量	单价	金额	税率	税额
液晶电脑		台	2	6 000.00	120 000.00	13%	1 560.00
合计					￥12 000.00		￥1 560.00

价税合计(大写)	⊗壹万叁仟伍佰陆拾元整	（小写）￥13 560.00

销货单位	名　　称	宏泽电脑公司	备注	
	纳税人识别号	320108522032527		
	地址、电话	南京市珠江路100号 82635243		
	开户行及账号	工商银行南京城南支行 61237235		

收款人：　　　复核：　　　开票人：王平　　　销货单位（章）

第二联：发票联　购货方记账凭证

固定资产验收单

名称	规格型号	来源	数量	购(造)价	使用年限	预计残值
Dell 液晶电脑		外购	2	12 000	5	0
安装费	月折旧费	建造单位	交工日期		附件	
—						
验收部门	设备处	验收人员	范宇	管理部门	设备处	管理人员	张怡
备注						

中国工商银行转账支票存根
No:121204

出票日期　年　月　日
收款人：
金额：
用途：
单位主管　　会计

中国工商银行转账支票　No:121204

本支票付款期限十天

出票日期(大写)　年　月　日　　付款行名称：
收款人：　　　　　　　　　　　　出票人账号：
人民币(大写)　　　　　千百十万千百十元角分
用途_____
上列款项请从我账户内支付
出票人签章　　　　　　　　　复核　　　记账

(23) 23 日，签发转账支票一张，支付创意广告公司广告费 20 000 元，增值税 1 200 元。

江苏增值税专用发票
发票联

No.00001830
开票日期：2020 年 4 月 23 日

购货单位	名　　称：江苏飞扬纺织有限公司 纳税人识别号：320106526050646 地址、电话：南京市中山南路 68 号 87654321 开户行及账号：工商银行南京城南支行 66012233	密码区	(略)
货物或应税劳务名称	规格型号	单位	数量	单价	金额	税率	税额
广告制作				20 000.00	20 000.00	6%	1 200.00
合计					¥20 000.00		¥1 200.00
价税合计(大写)	⊗贰万壹仟贰佰元整				(小写)¥21 200.00		
销货单位	名　　称：创意广告公司 纳税人识别号：320108521012592 地址、电话：南京市应天大街 720 号 87765273 开户行及账号：工商银行燕山路支行 69412153	备注	

收款人：　　　复核：　　　开票人：张刚　　　销货单位：(章)

第二联：发票联　购货方记账凭证

中国工商银行 转账支票存根 No:121205	中国工商银行转账支票　　No:121205												
	出票日期(大写)　年　月　日　　付款行名称： 收款人：　　　　　　　　　　　　出票人账号：												
出票日期　年　月　日	人民币 (大写)	千	百	十	万	千	百	十	元	角	分		
收款人： 金额： 用途： 单位主管　　会计	用途_____ 上列款项请从 我账户内支付 出票人签章　　　　　　　　复核　　　　记账												

(24) 24日,以银行存款支付电费5 000元,增值税650元。

江苏增值税专用发票
发票联

No.00002753
开票日期:2020年4月24日

购货单位	名　　称:江苏飞扬纺织有限公司 纳税人识别号:320106526050646 地址、电话:南京市中山南路68号 87654321 开户行及账号:工商银行南京城南支行 66012233	密码区	(略)
货物或应税劳务名称	规格型号	单位度	数量	单价	金额	税率	税额
电费			5 000	1.00	5 000.00	13%	650.00
合计					¥5 000.00		¥650.00
价税合计(大写)	⊗伍仟陆佰伍拾元整				(小写)¥5 650.00		
销货单位	名　　称:江苏省电力公司 纳税人识别号:320106134766570 地址、电话:南京市上海路215号 82635243 开户行及账号:工商银行电力大厦支行 85851093	备注	

收款人:　　　　复核:　　　　开票人:刘芳　　　　销货单位(章)

第二联:发票联 购货方记账凭证

中国工商银行 转账支票存根 No:121206	中国工商银行转账支票　　No:121206												
	出票日期(大写)　年　月　日　　付款行名称： 收款人：　　　　　　　　　　　　出票人账号：												
出票日期　年　月　日	人民币 (大写)	千	百	十	万	千	百	十	元	角	分		
收款人： 金额： 用途： 单位主管　　会计	用途_____ 上列款项请从 我账户内支付 出票人签章　　　　　　　　复核　　　　记账												

电费分配表

2020 年 4 月

使用部门	应借科目	用电数量(度)	金额(元)
车间	制造费用	3 200	3 200
行政	管理费用	1 800	1 800
合计	—	5 000	5 000

会计主管： 复核： 制单：

(25) 24 日，销售给远大公司羊绒围巾 4 100 条，单价 190 元/条，价款 779 000 元，增值税 101 270 元，收到远大公司签发的银行承兑汇票一张。

江苏增值税专用发票

此联不作报销、扣税凭证使用

No.00002115
开票日期：2020 年 4 月 24 日

购货单位	名　　　称：远大公司 纳税人识别号：340103536020428 地　址、电话：合肥市明光路 6 号 4463752 开户行及账号：工商银行海汇支行 20532308	密码区	（略）		
货物或应税劳务名称	规格型号	单位	数量	单价	金额	税率	税额
羊绒围巾		条	4 100	190	779 000.00	13%	101 270.00
合计					￥779 000.00		￥101 270.00
价税合计（大写）	⊗捌拾捌万零贰佰柒拾元整				（小写）￥880 270.00		
销货单位	名　　　称：江苏飞扬纺织有限公司 纳税人识别号：320106526050646 地　址、电话：南京市中山南路 68 号 87654321 开户行及账号：工商银行南京城南支行 66012233	备注			

收款人： 复核： 开票人：江帆 销货单位（章）

第一联：记账联 销货方记账凭证

银行承兑汇票

出票日期　　贰零贰零年零肆月贰拾肆日
（大写）

出票人名称	远大公司	收款人	全　称	江苏飞扬纺织有限公司
出票人账号	20532308		账　号	66012233
付款行全称	工商银行海汇支行		开户银行	工商银行南京城南支行

出票金额	人民币（大写）	⊗捌拾捌万零贰佰柒拾元整	亿千百十万千百十元角分
			￥8 8 0 2 7 0 0 0

汇票到期日（大写）	贰零贰零年肆月贰拾伍日	付款行	行号	10224300217
承兑协议编号	2020（承兑协议）00083 号		地址	南京市中山南路 68 号

本汇票请你行承兑，到期无条件付款。 （江苏飞扬纺织有限公司财务专用章）（涛李印林） 出票人签章	本汇票已经承兑，到期日由本行付款。 承兑行签章 承兑日期 2020 年 4 月 24 日 备注：	复核　　记账

此联收款人开户行随托收凭证寄付款行作借方凭证附件

产成品出库单

购货单位：　　　　　　　　　　　　　　　　　　　　　　　　　　　No. 1027
用途：　　　　　　　　年　　月　　日　　　　　　　　　　　　　　产品仓库

产品名称及规格	计量单位	数量	单价	金额

保管员：　　　　　　会计：　　　　　　主管：

(26) 24日，以银行存款支付水费720元，增值税64.8元。

江苏增值税专用发票
发票联

No. 00001329
开票日期：2020年4月24日

购货单位	名　　　称：江苏飞扬纺织有限公司 纳税人识别号：320106526050646 地　址、电　话：南京市中山南路68号 87654321 开户行及账号：工商银行南京城南支行 66012233	密码区	（略）

货物或应税劳务名称	规格型号	单位	数量	单价	金额	税率	税额
水费		立方米	200	3.6	720.00	9%	64.80
合计					￥720.00		￥64.80

价税合计（大写）	⊗柒佰捌拾肆元捌角整	（小写）￥784.80

销货单位	名　　　称：南京市自来水公司 纳税人识别号：320106134766570 地　址、电　话：南京市中华路532号 86612339 开户行及账号：工商银行南京城南支行 69032352	备注	（南京市自来水公司 320106134766570 发票专用章）

收款人：　　　　　复核：　　　　　开票人：刘芳　　　　　销货单位：（章）

第二联：发票联 购货方记账凭证

中国工商银行 转账支票存根 No:121207	中国工商银行转账支票　　No:121207
出票日期　年　月　日 收款人： 金额： 用途： 单位主管　　会计	出票日期（大写）　年　月　日　　付款行名称： 收款人：　　　　　　　　　　　　出票人账号： 人民币（大写）　　　　千百十万千百十元角分 用途_____ 上列款项请从 我账户内支付 出票人签章　　　　　　　复核　　　　记账

水费分配表

2020年4月

使用部门	应借科目	用水数量（立方米）	金额（元）
车间	制造费用	150	540
行政	管理费用	50	180
合计	—	200	720

会计主管：　　　　　复核：　　　　　制单：

(27) 27日,开出转账支票支付生产机器修理费 12 000 元,增值税 1 080 元。

江苏增值税专用发票
发票联

No.00001633
开票日期:2020 年 4 月 27 日

购货单位	名　　　称:江苏飞扬纺织有限公司 纳税人识别号:320106526050646 地　址、电　话:南京市中山南路 68 号 87654321 开户行及账号:工商银行南京城南支行 66012233	密码区	（略）

货物或应税劳务名称	规格型号	单位	数量	单价	金额	税率	税额
修理费			1	100 000	12 000.00	9%	1 080.00
合计					￥12 000.00		￥1 080.00

价税合计(大写)	⊗壹万叁仟零捌拾元整	(小写)￥13 080.00

销货单位	名　　　称:华宇机械有限公司 纳税人识别号:520114338860353 地　址、电　话:南京市中央路 290 号 56612339 开户行及账号:工商银行城东支行 83426022	备注	（华宇机械有限公司 520114338860353 发票专用章）

收款人：　　　　复核：　　　　开票人:刘芳　　　　销货单位(章)

第二联:发票联　购货方记账凭证

中国工商银行 转账支票存根 No:121208	中国工商银行转账支票　　No:121208
出票日期　年　月　日 收款人： 金额： 用途： 单位主管　　　会计	出票日期(大写)　年　月　日　　付款行名称： 收款人：　　　　　　　　　　出票人账号： 人民币 (大写)　　　千百十万千百十元角分 用途 上列款项请从 我账户内支付 出票人签章　　　　　　复核　　　　记账

本支票付款期限十天

(28) 28日,生产车间盘亏焊接机一台,原价10 000元,已提折旧6 000元。毁损的焊接机由保险公司赔偿2 000元,其余计入营业外支出。

固定资产盘盈、盘亏及毁损报告表

2020年4月28日

固定资产编号	固定资产名称	盘盈			盘亏			毁损			原因
		数量	重置价值(元)	估计已提折旧(元)	数量	原值(元)	已提折旧(元)	数量	原值(元)	已提折旧(元)	
	焊接机				1	10 000	6 000				自然灾害
处理意见		保管部门			清查小组			审批部门			
		保险公司应赔偿2 000元			同意保管部门意见			同意			

盘点人:　　　　　　　　实物保管人:　　　　　　　会计:

(29) 29日,收到投资者投资400 000元,款项已存入银行。

中国工商银行进账单(收账通知)

2020年4月29日

付款人	全称	远大公司	收款人	全称											此联是银行交给收款人的收账通知
	账号	20532308		账号											
	开户银行	工商银行海汇支行		开户银行											
人民币(大写)					千	百	十	万	千	百	十	元	角	分	
票据种类		转账支票													
票据张数		1张													
票据号码		(略)													
单位主管　会计　复核　记账				收款人开户行盖章											

(30) 30 日，销售给海宁公司羊绒毛线 400 千克，售价 230 元/千克，款项尚未收到；成本 210 元/千克，同时结转已销材料成本。

江苏增值税专用发票

此联不作报销、扣税凭证使用

No.00002116
开票日期：2020 年 4 月 30 日

购货单位	名　　　称：海宁公司 纳税人识别号：330202300132453 地　址、电　话：宁波市蓝天路 53 号 87132151 开户行及账号：工商银行白云支行 82114186	密码区	（略）		
货物或应税劳务名称	规格型号	单位	数量	单价	金额	税率	税额
羊绒毛线		千克	400	230	92 000.00	13%	11 960.00
合计					￥92 000.00		￥11 960.00
价税合计（大写）	⊗壹拾万叁仟玖佰陆拾元整			（小写）￥103 960.00			
销货单位	名　　　称：江苏飞扬纺织有限公司 纳税人识别号：320106526050646 地　址、电　话：南京市中山南路 68 号 87654321 开户行及账号：工商银行南京城南支行 66012233	备注			

第一联：记账联　销货方记账凭证

收款人：　　　　复核：　　　　开票人：江帆　　　　销货单位（章）

领 料 单

领料部门：　　　　　　　　　　　　　　　　　　　　　　　　　　No.1106
用　　途：　　　　　　　　年　　月　　日　　　　　　　　　　材料仓库

材料规格及名称	计量单位	数量		价格	
		请领	实领	单价	金额
备注				合计	

记账：　　　　发料：　　　　审批：　　　　领料：

(31) 30 日,计提短期借款利息 5 850 元。

应付利息计算表

2020 年 4 月 30 日

借款银行	借款金额(元)	借款时间	偿还期限	利息支付方式	年利率	本月应付利息(元)
中国工商银行	500 000	2019 年 12 月 1 日	6 个月	每季末	5.4%	2 250
中国工商银行	800 000	2020 年 4 月 2 日	6 个月	每季末	5.4%	3 600
			合计			5 850

制单:　　　　　　　会计:　　　　　　　复核:

(32) 30 日,计提本月工资费用。

工资费用分配表

2020 年 4 月 30 日

部门	职工类别	工资额(元)
车间	羊绒围巾生产工人	110 000
	混纺围巾生产工人	55 000
	车间管理人员	17 200
行政	管理人员	46 000
合计	—	228 200

制表人:赵兰

(33) 编制固定资产折旧计算表计提本月固定资产折旧。

固定资产折旧计算表

2020 年 4 月 30 日

使用单位和固定资产类别		原值(元)	月折旧率	月折旧额(元)
生产车间	房屋	1 050 000	0.4%	4 200
	设备	1 200 000	0.8%	9 600
	小计	2 250 000	—	13 800
管理部门	房屋	680 000	0.4%	2 720
	设备	200 000	0.8%	1 600
	小计	880 000	—	4 320
合　计		3 130 000	—	18 120

会计主管:　　　　　　　复核:　　　　　　　制单:

(34) 30日,按产品生产工人工资比例分配制造费用。

制造费用分配表

2020年4月30日　　　　　　单位:元

产品名称	分配标准 (生产工人工资)	分配率	金额
合计		—	

会计主管:　　　　　　复核:　　　　　　制单:

(35) 30日,生产车间投产的羊绒围巾7 691条和混纺围巾3 900条全部完工,结转完工产品的生产成本。

产品成本计算单

产品名称:羊绒围巾　　2020年4月30日　　完工数量:7 691条　　单位:元

项目	直接材料	直接人工	制造费用	合计
月初在产品				
本月生产费用				
合计				
月末在产品				
完工产品总成本				
完工产品单位成本				

会计主管:　　　　　　复核:　　　　　　制表:

产品成本计算单

产品名称:混纺围巾　　2020年4月30日　　完工数量:3 900条　　单位:元

项目	直接材料	直接人工	制造费用	合计
月初在产品				
本月生产费用				
合计				
月末在产品				
完工产品总成本				
完工产品单位成本				

会计主管:　　　　　　复核:　　　　　　制表:

完工产品成本汇总表

2020 年 4 月 30 日　　　　　　　　　　　　　　　　单位:元

产品名称	完工产量	直接材料	直接人工	制造费用	合计
合计					

会计主管:　　　　　　　　　复核:　　　　　　　　　制表:

(36) 30 日,用银行存款缴纳本月应交的增值税 189 677.20 元。

(37) 30 日,计提本月应交城市维护建设税及教育费附加。

税金及附加计算表

2020 年 4 月 30 日

纳税项目	计提基数	税(费)率	应纳税(费)额(元)
城市维护建设税			
教育费附加			
合计	—	—	

会计主管:　　　　　　　　　复核:　　　　　　　　　制表:

(38) 30 日,结转本月产品销售成本。羊绒围巾单位成本 95 元/条,混纺围巾单位成本 48.2 元/条,根据产品出库单编制产品销售成本计算表。

产品销售成本计算表

2020 年 4 月 30 日

产品名称	销售数量(条)	单位成本(元/条)	总成本(元)
羊绒围巾	9 100	95.00	864 500
混纺围巾	5 500	48.20	265 100
合　计	—	—	1 129 600

会计主管:　　　　　　　　　复核:　　　　　　　　　制表:王清

(39) 将各损益类账户余额结转至"本年利润"账户。

(40) 根据本月利润总额,按 25% 的所得税税率计算并结转企业所得税。

应纳企业所得税计算简表

2020 年 4 月 30 日

本月利润总额	纳税调整额	应纳税所得额	所得税率	应纳所得税

会计主管:　　　　　　　　　复核:　　　　　　　　　制表:

附 录

库存现金日记账

年		凭证号数	对方科目	摘要	√	借方金额 千百十万千百十元角分	贷方金额 千百十万千百十元角分	结余金额 千百十万千百十元角分
月	日							

银行存款日记账

年		凭证号数	结算凭证		摘要	√	借方金额 千百十万千百十元角分	贷方金额 千百十万千百十元角分	结余金额 千百十万千百十元角分
月	日		类	号码					

明细账

级科目编号及名称：_____
级科目编号及名称：_____

年		凭证号数	摘要	对方科目	借方金额									贷方金额									借或贷	结余金额								
月	日				千	百	十	万	千	百	十	元	角	分	√	千	百	十	万	千	百	十	元	角	分	√		千	百	十	万	千	百	十	元	角	分	√

明细账

级科目编号及名称：_____
级科目编号及名称：_____

年		凭证号数	摘要	对方科目	借方金额									贷方金额									借或贷	结余金额								
月	日				千	百	十	万	千	百	十	元	角	分	√	千	百	十	万	千	百	十	元	角	分	√		千	百	十	万	千	百	十	元	角	分	√

明细账

年		凭证号数	摘要	对方科目	借方金额										贷方金额										借或贷	结余金额									
月	日				千	百	十	万	千	百	十	元	角	分	√	千	百	十	万	千	百	十	元	角	分	√		千	百	十	万	千	百	十	元	角	分	√

……级科目编号及名称：……
……级科目编号及名称：……

明细账

年		凭证号数	摘要	对方科目	借方金额										贷方金额										借或贷	结余金额									
月	日				千	百	十	万	千	百	十	元	角	分	√	千	百	十	万	千	百	十	元	角	分	√		千	百	十	万	千	百	十	元	角	分	√

……级科目编号及名称：……
……级科目编号及名称：……

明细账

一级科目编号及名称：_____
二级科目编号及名称：_____

年		凭证号数	摘要	对方科目	借方金额									贷方金额									借或贷	结余金额								
月	日				千	百	十	万	千	百	十	元	角	分	千	百	十	万	千	百	十	元	角	分	√		千	百	十	万	千	百	十	元	角	分	√

明细账

一级科目编号及名称：_____
二级科目编号及名称：_____

年		凭证号数	摘要	对方科目	借方金额									贷方金额									借或贷	结余金额								
月	日				千	百	十	万	千	百	十	元	角	分	千	百	十	万	千	百	十	元	角	分	√		千	百	十	万	千	百	十	元	角	分	√

明细账

年		凭证号数	摘要	对方科目	借方金额									借或贷	贷方金额									结余金额									√
月	日				千	百	十	万	千	百	十	元	角	分		千	百	十	万	千	百	十	元	角	分	千	百	十	万	千	百	十	元	角	分	

一级科目编号及名称：
二级科目编号及名称：

明细账

年		凭证号数	摘要	对方科目	借方金额									借或贷	贷方金额									结余金额									√
月	日				千	百	十	万	千	百	十	元	角	分		千	百	十	万	千	百	十	元	角	分	千	百	十	万	千	百	十	元	角	分	

一级科目编号及名称：
二级科目编号及名称：

明细账

级科目编号及名称：_____
级科目编号及名称：_____

年		凭证号数	摘要	对方科目	借方金额										贷方金额										借或贷	结余金额									
月	日				千	百	十	万	千	百	十	元	角	分	√	千	百	十	万	千	百	十	元	角	分	√		千	百	十	万	千	百	十	元	角	分	√

明细账

明细账

级科目编号及名称：
级科目编号及名称：

年		凭证号数	摘要	千百十万千百十元角分	千百十万千百十元角分	千百十万千百十元角分	千百十万千百十元角分
月	日						

明细账

级科目编号及名称：
级科目编号及名称：

年		凭证号数	摘要	千百十万千百十元角分	千百十万千百十元角分	千百十万千百十元角分	千百十万千百十元角分
月	日						

明细账

年		凭证号数	摘要	千百十万千百十元角分	千百十万千百十元角分	千百十万千百十元角分	千百十万千百十元角分	千百十万千百十元角分	千百十万千百十元角分
月	日								

……级科目编号及名称：
……级科目编号及名称：

明细账

年		凭证号数	摘要	千百十万千百十元角分	千百十万千百十元角分	千百十万千百十元角分	千百十万千百十元角分	千百十万千百十元角分	千百十万千百十元角分
月	日								

……级科目编号及名称：
……级科目编号及名称：

明细账

明细科目：_____
类别：_____
品名：_____　计量单位：_____

年		凭证号数	摘要	收入			发出			结存		
月	日			数量	单价	千百十万千百十元角分√	数量	单价	千百十万千百十元角分√	数量	单价	千百十万千百十元角分√

明细账

明细科目：_____
类别：_____
品名：_____　计量单位：_____

年		凭证号数	摘要	收入			发出			结存		
月	日			数量	单价	千百十万千百十元角分√	数量	单价	千百十万千百十元角分√	数量	单价	千百十万千百十元角分√

明细账

明细科目：……………………
类　别：……………………　　品名：……………………　　计量单位：……………………

年		凭证号数	摘要	收入			发出			结存		√
月	日			数量	单价	千百十万千百十元角分	数量	单价	千百十万千百十元角分	数量	单价	千百十万千百十元角分

明细账

明细科目：……………………
类　别：……………………　　品名：……………………　　计量单位：……………………

年		凭证号数	摘要	收入			发出			结存		√
月	日			数量	单价	千百十万千百十元角分	数量	单价	千百十万千百十元角分	数量	单价	千百十万千百十元角分

总分类账

会计科目：_____

年		凭证号数	摘要	√	借方金额										贷方金额										借或贷	结余金额									
月	日				千	百	十	万	千	百	十	元	角	分	千	百	十	万	千	百	十	元	角	分		千	百	十	万	千	百	十	元	角	分

总分类账

会计科目：_____

年		凭证号数	摘要	√	借方金额										贷方金额										借或贷	结余金额									
月	日				千	百	十	万	千	百	十	元	角	分	千	百	十	万	千	百	十	元	角	分		千	百	十	万	千	百	十	元	角	分

总分类账

会计科目：_____

年		凭证号数	摘要	√	借方金额										贷方金额										借或贷	结余金额									
月	日				千	百	十	万	千	百	十	元	角	分	千	百	十	万	千	百	十	元	角	分		千	百	十	万	千	百	十	元	角	分

总 分 类 账

会计科目：_____

年		凭证号数	摘要	√	借方金额 千百十万千百十元角分	贷方金额 千百十万千百十元角分	借或贷	结余金额 千百十万千百十元角分
月	日							

总 分 类 账

会计科目：_____

年		凭证号数	摘要	√	借方金额 千百十万千百十元角分	贷方金额 千百十万千百十元角分	借或贷	结余金额 千百十万千百十元角分
月	日							

总 分 类 账

会计科目：_____

年		凭证号数	摘要	√	借方金额 千百十万千百十元角分	贷方金额 千百十万千百十元角分	借或贷	结余金额 千百十万千百十元角分
月	日							

总 分 类 账

会计科目：＿＿＿＿＿＿＿＿

年		凭证号数	摘 要	√	借方金额 千百十万千百十元角分	贷方金额 千百十万千百十元角分	借或贷	结余金额 千百十万千百十元角分
月	日							

总 分 类 账

会计科目：＿＿＿＿＿＿＿＿

年		凭证号数	摘 要	√	借方金额 千百十万千百十元角分	贷方金额 千百十万千百十元角分	借或贷	结余金额 千百十万千百十元角分
月	日							

总 分 类 账

会计科目：＿＿＿＿＿＿＿＿

年		凭证号数	摘 要	√	借方金额 千百十万千百十元角分	贷方金额 千百十万千百十元角分	借或贷	结余金额 千百十万千百十元角分
月	日							

总分类账

会计科目：_____

年		凭证号数	摘要	√	借方金额 千百十万千百十元角分	贷方金额 千百十万千百十元角分	借或贷	结余金额 千百十万千百十元角分
月	日							

总分类账

会计科目：_____

年		凭证号数	摘要	√	借方金额 千百十万千百十元角分	贷方金额 千百十万千百十元角分	借或贷	结余金额 千百十万千百十元角分
月	日							

总分类账

会计科目：_____

年		凭证号数	摘要	√	借方金额 千百十万千百十元角分	贷方金额 千百十万千百十元角分	借或贷	结余金额 千百十万千百十元角分
月	日							

总分类账

会计科目：_____

年		凭证号数	摘要	√	借方金额 千百十万千百十元角分	贷方金额 千百十万千百十元角分	借或贷	结余金额 千百十万千百十元角分
月	日							

总分类账

会计科目：_____

年		凭证号数	摘要	√	借方金额 千百十万千百十元角分	贷方金额 千百十万千百十元角分	借或贷	结余金额 千百十万千百十元角分
月	日							

总分类账

会计科目：_____

年		凭证号数	摘要	√	借方金额 千百十万千百十元角分	贷方金额 千百十万千百十元角分	借或贷	结余金额 千百十万千百十元角分
月	日							

总 分 类 账

会计科目：_____

年		凭证号数	摘要	√	借方金额									贷方金额									借或贷	结余金额								
月	日				千	百	十	万	千	百	十	元	角	分	千	百	十	万	千	百	十	元	角	分		千	百	十	万	千	百	十	元	角	分

总 分 类 账

会计科目：_____

年		凭证号数	摘要	√	借方金额									贷方金额									借或贷	结余金额								
月	日				千	百	十	万	千	百	十	元	角	分	千	百	十	万	千	百	十	元	角	分		千	百	十	万	千	百	十	元	角	分

总 分 类 账

会计科目：_____

年		凭证号数	摘要	√	借方金额									贷方金额									借或贷	结余金额								
月	日				千	百	十	万	千	百	十	元	角	分	千	百	十	万	千	百	十	元	角	分		千	百	十	万	千	百	十	元	角	分

总分类账

会计科目：_____

年		凭证号数	摘要	√	借方金额 千百十万千百十元角分	贷方金额 千百十万千百十元角分	借或贷	结余金额 千百十万千百十元角分
月	日							

总分类账

会计科目：_____

年		凭证号数	摘要	√	借方金额 千百十万千百十元角分	贷方金额 千百十万千百十元角分	借或贷	结余金额 千百十万千百十元角分
月	日							

总分类账

会计科目：_____

年		凭证号数	摘要	√	借方金额 千百十万千百十元角分	贷方金额 千百十万千百十元角分	借或贷	结余金额 千百十万千百十元角分
月	日							

总 分 类 账

会计科目：_____

年		凭证号数	摘要	√	借方金额									贷方金额									借或贷	结余金额								
月	日				千	百	十	万	千	百	十	元	角	分	千	百	十	万	千	百	十	元	角	分		千	百	十	万	千	百	十	元	角	分

总 分 类 账

会计科目：_____

年		凭证号数	摘要	√	借方金额									贷方金额									借或贷	结余金额								
月	日				千	百	十	万	千	百	十	元	角	分	千	百	十	万	千	百	十	元	角	分		千	百	十	万	千	百	十	元	角	分

总 分 类 账

会计科目：_____

年		凭证号数	摘要	√	借方金额									贷方金额									借或贷	结余金额								
月	日				千	百	十	万	千	百	十	元	角	分	千	百	十	万	千	百	十	元	角	分		千	百	十	万	千	百	十	元	角	分

总 分 类 账

会计科目：_____

年		凭证号数	摘要	√	借方金额 千百十万千百十元角分	贷方金额 千百十万千百十元角分	借或贷	结余金额 千百十万千百十元角分
月	日							

总 分 类 账

会计科目：_____

年		凭证号数	摘要	√	借方金额 千百十万千百十元角分	贷方金额 千百十万千百十元角分	借或贷	结余金额 千百十万千百十元角分
月	日							

总 分 类 账

会计科目：_____

年		凭证号数	摘要	√	借方金额 千百十万千百十元角分	贷方金额 千百十万千百十元角分	借或贷	结余金额 千百十万千百十元角分
月	日							

总 分 类 账

会计科目：_____

年		凭证号数	摘要	√	借方金额 千百十万千百十元角分	贷方金额 千百十万千百十元角分	借或贷	结余金额 千百十万千百十元角分
月	日							

总 分 类 账

会计科目：_____

年		凭证号数	摘要	√	借方金额 千百十万千百十元角分	贷方金额 千百十万千百十元角分	借或贷	结余金额 千百十万千百十元角分
月	日							

总 分 类 账

会计科目：_____

年		凭证号数	摘要	√	借方金额 千百十万千百十元角分	贷方金额 千百十万千百十元角分	借或贷	结余金额 千百十万千百十元角分
月	日							

总 分 类 账

会计科目：_____

年		凭证号数	摘要	√	借方金额 千百十万千百十元角分	贷方金额 千百十万千百十元角分	借或贷	结余金额 千百十万千百十元角分
月	日							

总 分 类 账

会计科目：_____

年		凭证号数	摘要	√	借方金额 千百十万千百十元角分	贷方金额 千百十万千百十元角分	借或贷	结余金额 千百十万千百十元角分
月	日							

总 分 类 账

会计科目：_____

年		凭证号数	摘要	√	借方金额 千百十万千百十元角分	贷方金额 千百十万千百十元角分	借或贷	结余金额 千百十万千百十元角分
月	日							

科目汇总表

起讫日期：　　　　　　　　　记账凭证自　号至　号　　　　　汇字第　号

科目名称	借方发生额	贷方发生额	记账	科目名称	借方发生额	贷方发生额	记账

资产负债表

会企01表

编制单位：　　　　　　　　　　___年___月___日　　　　　　　　　　单位：元

资产	期末余额	年初余额	负债和所有者权益（或股东权益）	期末余额	年初余额
流动资产：			流动负债：		
货币资金			短期借款		
交易性金融资产			交易性金融负债		
衍生金融资产			衍生金融负债		
应收票据			应付票据		
应收账款			应付账款		
应收款项融资			预收款项		
预付款项			合同负债		
其他应收款			应付职工薪酬		
存货			应交税费		
合同资产			其他应付款		
持有待售资产			持有待售负债		
一年内到期的非流动资产			一年内到期的非流动负债		
其他流动资产			其他流动负债		
流动资产合计			流动负债合计		
非流动资产：			非流动负债：		
债权投资			长期借款		
其他债权投资			应付债券		
长期应收款			其中：优先股		
长期股权投资			永续债		
其他权益工具投资			租赁负债		
其他非流动金融资产			长期应付款		
投资性房地产			预计负债		
固定资产			递延收益		
在建工程			递延所得税负债		
生产性生物资产			其他非流动负债		
油气资产			非流动负债合计		
使用权资产			负债合计		
无形资产			所有者权益（或股东权益）：		

续表

资　　产	期末余额	年初余额	负债和所有者权益(或股东权益)	期末余额	年初余额
开发支出			实收资本(或股本)		
商誉			其他权益工具		
长期待摊费用			其中:优先股		
递延所得税资产			永续债		
其他非流动资产			资本公积		
非流动资产合计			减:库存股		
			其他综合收益		
			专项储备		
			盈余公积		
			未分配利润		
			所有者权益(或股东权益)合计		
资产总计			负债和所有者权益(或股东权益)总计		

利润表

会企02表

编制单位： ___年___月 单位：元

项　　目	本期金额	上期金额
一、营业收入		
减：营业成本		
税金及附加		
销售费用		
管理费用		
研发费用		
财务费用		
其中：利息费用		
利息收入		
加：其他收益		
投资收益（损失以"—"号填列）		
其中：对联营企业和合营企业的投资收益		
净敞口套期收益（损失以"—"号填列）		
公允价值变动收益（损失以"—"号填列）		
信用减值损失（损失以"—"号填列）		
资产减值损失（损失以"—"号填列）		
资产处置收益（损失以"—"号填列）		
二、营业利润（亏损以"—"号填列）		
加：营业外收入		
减：营业外支出		
三、利润总额（亏损总额以"—"号填列）		
减：所得税费用		
四、净利润（净亏损以"—"号填列）		
（一）持续经营净利润（净亏损以"—"号填列）		
（二）终止经营净利润（净亏损以"—"号填列）		
五、其他综合收益的税后净额		
（一）不能重分类进损益的其他综合收益		
1. 重新计量设定受益计划变动额		
2. 权益法下不能转损益的其他综合收益		

续表

项　目	本期金额	上期金额
3. 其他权益工具投资公允价值变动		
4. 企业自身信用风险公允价值变动		
……		
（二）将重分类进损益的其他综合收益		
1. 权益法下可转损益的其他综合收益		
2. 其他债权投资公允价值变动		
3. 金融资产重分类计入其他综合收益的金额		
4. 其他债权投资信用减值准备		
5. 现金流量套期储备		
6. 外币会计报表折算差额		
……		
六、综合收益总额		
七、每股收益		
（一）基本每股收益		
（二）稀释每股收益		

参考文献

1. 陈国辉,迟旭升.基础会计[M].6版.大连:东北财经大学出版社,2018
2. 李占国.基础会计学[M].4版.北京:高等教育出版社,2019
3. 戴德明,林钢,赵西卜.财务会计学[M].12版.北京:中国人民大学出版社 2019
4. 蒋昕.新编基础础会计学模拟实验[M].4版.大连:东北财经大学出版社,2018
5. 李新.基础会计模拟实训[M].4版.上海:立信会计出版社,2019
6. 张维宾,姚津,武英.新编会计模拟实习(工业企业分册)[M].8版.上海:立信会计出版社 2019
7. 窦蕾.会计模拟实训教程[M].北京:中国人民大学出版社,2019
8. 马涛.基础会计实训[M].北京:机械工业出版社,2018
9. 李占国,吴道华,王家明.基础会计综合模拟实训[M].5版.北京:高等教育出版社,2020
10. 孔德兰.企业财务会计实训[M].4版.北京:高等教育出版社,2020